Lernpfad

1 Ich sitze, die Schreibmappe auf Knien

Ich sitze, die Schreibmappe auf Knien, in einem Meer von Menschen. Eigentlich ist es ein kleiner Raum, der Schankraum einer Münsterländer Dorfkneipe, in dem ich versuche, mich auf meine Notizen zu konzentrieren. Der Wirt schenkt den Ruderern in aller Ruhe ihre Biere aus, niemand kümmert sich um mich. In weniger als einer halben Stunde wird sich die Situation bereits gewandelt haben. Dann werden die Sportjungs verschwunden sein und nach und nach jene Burschen und Burschinnen auftauchen, die den Samstagnachmittag nicht auf dem Wasser verbracht haben, sondern im elterlichen Garten oder auf einer Schwarzbaustelle, um sich neben dem kleinen Lehrgeld noch etwas hinzuzuverdienen. Zunächst finde ich keine Beachtung. Sobald man aber Platz genommen und das erste Getränk geleert hat, treffen mich hier und da neugierige Blicke. Ich bin fremd im Dorf. Freilich hat man mich vor einigen Tagen schon einmal bei *Lohaus* gesehen, aber man kann sich nicht so recht vorstellen, weshalb ich mich mit einem Buch und einer Notizmappe begnüge anstatt zumindest am Tresen zu sitzen und mit dem Wirt zu quatschen. »Was liest du da?« Einer der Burschen ist von seinem Platz aufgestanden und hat sich schwungvoll neben mir auf die Bank am Fenster fallen lassen. »Die *Buckower Elegien* von Brecht«, antworte ich wahrheitsgemäß. »Kenn ich nicht. Ist das ein Roman?« Ich erkläre, dass es sich um politische Lyrik handelt, was mich in den Augen meines Gegenübers zwar noch nerdiger, aber nicht unsympathischer erscheinen lässt.

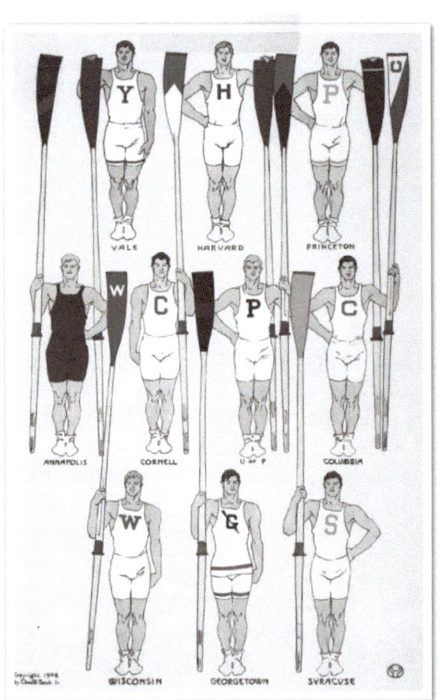

Ich nicke fleißig und auch ein wenig amüsiert. Mittlerweile haben sich zwei andere Burschen zu uns gesellt, um zu bestätigen und zu ergänzen, was Grave erzählt. So heißt der Jugendliche. Ich sei Schriftsteller, aha, so so! Na, dann solle ich doch mal aufschreiben, welche Geschichten sich so zutrügen von Wochenende zu Wochenende. Da käme aber ganz sicher ein dickerer Klopper bei raus als die Backelfen von diesem Brecht! Und schon werden mir Anekdoten erzählt, der eine widerspricht dem anderen, ein dritter korrigiert, und alle lachen über die Erlebnisse, schütteln den Kopf und bestellen weitere Biere. Mein Einwand, dass ich kein Zeitungsreporter sei und mir eher Geschichten ausdenke, als wahre Begebenheiten oder halbseidene Gerüchte aufzuschreiben, wird ignoriert. Den Jungs ist es wichtiger, etwas zu erzählen zu haben, als dass am Ende wirklich ein Buch draus wird. Spätestens bei meinem nächsten Besuch in der Gaststätte verliert sich das Ungewohnte meiner Erscheinung. Ich bin Teil des Inventars, man kennt jetzt halt auch einen Dichter, so wie man einen Dachdecker oder einen Dekorateur kennt. Jeder hat etwas zum Geschichtenfundus beizutragen. Was zählt, ist, ob man beim Erzählen trinken kann.

Bild: Edward Penfield 1908. Quelle: Wikimedia Commons

Immer wieder kommen Leute auf mich zu und wollen, dass ich ihre Lebensgeschichte aufschreibe – oder zumindest die ein oder andere Anekdote aus ihrem Leben. Das ehrt mich, weil man offenbar davon ausgeht, dass ich in der Lage bin, ›aus allem‹ eine stringente Erzählung zu machen. Andererseits ahnen die Betreffenden bereits, dass es etwas anderes ist, eine Episode zu *erzählen* als sie niederzuschreiben. Die meisten erkennen, dass die Schwierigkeit dabei nicht in einer vermeintlichen Ungebildetheit liegt, in zu wenig Übung im Umgang mit Romanen, mit Büchern überhaupt – oder in einer mäßigen Deutschnote. Es ist etwas anderes, das das Aufschreiben von Leben so anstrengend erscheinen lässt: So viele Geschichten sind miteinander verbunden, ineinander verwoben, dass es unmöglich wirkt, nicht gleich alles auf einmal zu erzählen. Aber um ein ganzes Leben in all seinen Verwirrungen und Verknüpfungen zu Papier zu bringen brauchte man ja gleich ein weiteres Leben. Wo also beginnen? Wie soll man ihn packen, den Schopf, der sonst als stumpfe Locke in einer Schachtel auf dem Dachboden vergessen würde?

Zumindest, wenn es einem wichtiger ist als den Jungs in der Schöppinger Kneipe, dass aus den Geschichten und Geschichtchen etwas wird, das beständiger ist als die Bierseligkeit, kann man sich eine konkretere Vorgehensweise überlegen. Nichts gegen die Jungs, und schon gar nicht gegen Heinz Lohaus![1]

Hier an dieser Stelle und in diesem Werkbuch möchte ich versuchen, einige Impulse zu geben, um das Leben-Schreiben überhaupt erst zu beginnen. Ich gebe Tipps, die es erleichtern können, autobiographisch zu arbeiten, jedoch ohne die geringste Garantie, dass dabei herauskommt, was man sich am Anfang vorgestellt hat. Denn eins ist klar: **Sobald man beginnt, etwas zu notieren, verändert es sich.** Das liegt daran, *wie* wir uns erinnern und wie leicht Erinnerung beeinflussbar ist. Der Mensch ist nicht in der Lage, sich exakt chronologisch zu erinnern, stets wird die Erinnerung von den Eindrücken und Erfahrungen der Gegenwart beeinflusst. Der Filmemacher Edgar Reitz sagte:

> Die historische Wahrheit existiert nicht. Wenn Sie einen Menschen auffordern, dreißigmal hintereinander seine Biographie zu schreiben, wird die dreißigmal anders sein, je nachdem für wen und unter welchen Umständen er schreibt. Wir werden immer mogeln und unbewußt die Geschichte verfälschen.[2]

Ich spreche hier über *auto*biographisches Schreiben, meine damit aber auch immer biographisches Schreiben mit. Die Übungen lassen sich entsprechend umdeuten und erweitern, beispielsweise wenn du das Leben einer anderen Person skizzieren möchtest (dasjenige deiner Eltern etwa oder einer interessanten historischen Person deines Wohnortes). Auch in Bezug auf Zeitzeugeninterviews lassen sich viele der hier vorgestellten Übungen anwenden.

[1] Über das beste Bierhaus im westlichen Münsterland habe ich früher schon einige Absätze verloren. In meinem Buch MOTORRADHELD wie auch im SCHUNDFAKTOR ist man gut aufgehoben, wenn man mehr darüber erfahren möchte, wie es einem ergeht, wenn man sich bei *Lohaus* danebenbenimmt und erst nach Jahren wiederkommen darf!

[2] Peitz, Christiane: Erzählen, Erzählen, Erzählen. Ein Gespräch mit Edgar Reitz, dem Regisseur von »Die zweite Heimat«. In: taz vom 11.02.1993. *https://v34h.de/reitz*

Zunächst lässt sich also zusammenfassen:

- Autobiographisches Erzählen verändert sich, je nachdem zu welchem Zeitpunkt unseres Lebens wir uns an Anekdoten, Ereignisse und Begebenheiten erinnern.
- Die Art und Weise dessen, was wir über unser Leben aufschreiben, hängt vom (potenziellen) Publikum ab: Schreibe ich meine Memoiren für meine Kinder auf, für die Enkel, für Außenstehende – oder resümiere ich mein Leben zunächst allein für mich selbst, um mir z. B. über bestimmte Dinge klarer zu werden?
- **Schreiben braucht Zeit.** Vieles, was sich in einer Kneipe locker ›runtererzählt‹, ist schwierig aufzuschreiben. Manches klingt dann läppisch, nicht mehr des Notierens wert. Anderes wird gerade durchs Aufschreiben größer, als es ›der Wirklichkeit‹ entspricht. Ein zeitlicher Abstand kann eine gewisse Balance zwischen Authentizität und Fabulierkunst sicherstellen. Es erfordert ein wenig Geduld, bis sich diese Balance einstellt und man nicht zu viel auf einmal erreichen will.
- Sich erinnern, sich selbst in der Retrospektive zu betrachten, braucht außerdem Distanz. **Abstand zu sich selbst.** Die Jungs in der Schöppinger Kneipe kriegen es nicht hin, ihr Leben selbst aufzuschreiben, weil sie ganz distanzlos an die Geschichten herangehen. Man muss ein Erlebnis jedoch zunächst zu einer ›Story‹ machen, es als Geschichte ›denken‹, bevor man es aufschreiben kann.
- Andererseits: Die Kneipenjungs haben *Lust* zu erzählen, sie begeistern sich am Fabulieren, wollen sich gegenseitig sogar übertreffen in den Anekdoten, die sie dem Schriftsteller anbieten.

Dieses Werkbuch soll dir helfen, **Abstand zu dir selbst zu gewinnen, dich als Protagonist zu begreifen** – nicht in einem großen, ausufernden Roman, sondern eher in vielen kleinen Stories, die sich mal so, mal so miteinander kombinieren und zu einer längeren Geschichte verbinden lassen.

Gehen wir es also an!

2 Allgemeine Hinweise zum Werkbuch

2.1 Ein Date mit dem Ich, oder: Vorkenntnisse nicht nötig

Biographien und Autobiographien wurden stets politisch genutzt. Vom Vorbildcharakter von Heiligenviten bis hin zur aufklärerischen Komponente von Selbstlebensbeschreibungen der 1960er Jahre erzählt die *Kurze Geschichte des (auto-)biographischen Schreibens* in Kapitel 3 ein wenig mehr. Heutzutage ist das Private wieder politisch, insofern es zu den schwelenden Identitäts- und Genderdebatten beiträgt. Was darf wer bzw. was darf wer nicht (*me, too*)? Wie sehen mich andere, und wie identifiziere ich mich selbst (he, she, them, they)?

Gendern legt eine Gesellschaft auf binäre Codes fest und ist insofern unklug, zumindest wenn man sich auf das Ausschreiben oder Abkürzen zweier Geschlechter, männlich und weiblich, beschränkt. Aber es ist ein sehr deutsches Hobby. Man sollte nicht zu viel Brimborium um die vermeintlich richtige Form machen (wie ich jemanden adressieren soll, kann ich die betreffende Person ja ruhig fragen), solange sie etwas vor-schreibt, was der Kopf (noch) nicht nachvollziehen kann. Schleifenlassen ist nötig, die Dinge sich entwickeln lassen.

Nicht, dass Gendern etwas Schlechtes wäre. Es muss nur unkompliziert gehen, denn sonst schreibt man einer Person mit Unter- oder Querstrich etwas zu, das sie gar nicht erfüllen möchte und auf das es in der jeweiligen Situation gar nicht ankommt. Ich bin mit Ruth zum Kuchen verabredet. Da sind unsere Gespräche über die beste Konditorei in der Stadt doch wohl wichtiger, als dass ich mich lange daran aufhalte, dass Ruth gerne mit *er* adressiert werden möchte. Und wenn ihm etwas an meinem Verhalten nicht passt, wird Ruth mich schon darauf hinweisen. Das macht unsere Freundinnenschaft ja aus![3]

[3] Mehr, nein, *alles* über Ruth demnächst in diesem Verlag!

Mein Liebling beim Gendern, wenn schon auf diverse Identitäten extra hinzuweisen ist, ist das süße kleine Sternchen, das man gleichermaßen einem sehr männlichen Trucker* wie einem zarten Häschen* antupfen kann, und schon ist die weibliche und auf ihrer cis-Weiblichkeit bestehende, also mit ihrer biologischen Weiblichkeit im Einklang befindliche Lkw-Fahrerin genauso gemeint wie die Brummi-Butch, die zwar weibliche Geschlechtsmerkmale hat, ihre soziale Identität aber eher männlich empfindet. Das Sternchen benötigt keine weiteren Anhängsel, wie sie oft in Gebrauch sind. Wenn von der Freundin* die Rede ist, dürfen sich ganz beherzt auch Zapfenträger angesprochen fühlen.

In den Formulierungen der Übungen weiter unten thematisiere ich zwar immer wieder eine binär codierte Welt, wünsche mir aber dringend auch non-binär angelegte Beiträge. **Kreativer Umgang mit Geschlechtern** bedeutet auch, dass das Sternchen nicht das Wichtigste am Menschen oder einer

Figur ist, insbesondere in der biographischen Selbstbetrachtung. Deshalb lasse ich es weg.

Ach ja, du hast es längst bemerkt: Hier wird hemmungslos geduzt. Die Duzung der Siezung nennt man eigentlich ›kollegiales‹ Duzen. Also egal, wer du bist oder welchen sozialen Status du genießt: In diesem Werkbuch bist du Schriftstellerin, Dichter, Experimentierer und Erinnerer. Einfach Kollegin. Einverstanden?

Und genauso wenig, wie man den anderen vorher kennen muss, wenn man ihn oder sie während eines Workshops duzt, braucht man Vorkenntnisse fürs biographische Schreiben. Das heißt, jeder, der sich ein kleines bisschen selbst kennt, kann ohne Probleme mitmachen. **Das Wichtigste ist die Lust am Ausprobieren**. In deinem eigenen Leben bist du sowieso Expertin. Das macht dir niemand streitig, auch wenn es gleichzeitig die größte Herausforderung ist, der du dich stellen musst. Denn, wie oben bereits erwähnt, wenn man bestimmte Sachverhalte *zu* gut kennt, ist es schwierig, frei mit ihnen umzugehen, ohne ständig das Gefühl zu haben, der Sache nicht gerecht zu werden. Man kommt sich unbefugt vor, wie ein Hochstapler, der irgendwelche alltäglichen Geschichtchen viel zu ernst und wichtig nimmt. Na und? Wenn's Spaß macht und die Hochstapelei niemandem schadet, keiner seelisch oder sozial verletzt wird dadurch, ist es völlig berechtigt, sich sein eigenes Leben so zu vergegenwärtigen, als trüge man Make-up auf, bevor man zu einem glamourösen Dinner geht: **Ein Date mit dem Ich.**

2.2 Allein, zu zweien oder in der Gruppe?

Dieser Kurs lässt sich problemlos alleine durcharbeiten, wobei ich »arbeiten« in Anführungszeichen setzen möchte. In der Gruppe oder mit einem einzelnen Schreibpartner macht die Sache zumindest bei einzelnen Übungen noch mehr Spaß, da man sich am Ende der Übung oder auch am Ende des Werkbuchs austauschen und über seine Eindrücke sprechen kann, ganz egal ob in der persönlichen Begegnung, per Mail, Messenger, Brief oder in einer Videokonferenz.

Das Vergleichen der Ergebnisse gibt neue Impulse, ohne dass eines davon als besser oder schlechter angesehen wird. Hier ist nicht Konkurrenz im Sinne eines Wettrennens gefragt, sondern in der Wortbedeutung des **sich gegenseitig motivierenden Mit-Laufens**. Wenn wir uns gegenseitig aus unserem Leben erzählen, motivieren wir den anderen oder setzen auch bei ihm verschüttete Erinnerungen frei. Und wenn dabei das Schreiben zu einem ›Weißt du noch …‹-Kaffeekränzchen mutiert, ist es trotzdem gut, weil man mit einem anderen Menschen etwas gemeinsam macht.

Zuallererst sollst du die Impulse spüren, die ich versuche, dir mit den verschiedenen Übungen zu geben. Das Nachdenken über Erlebnisse, das Erfinden von Begebenheiten und **das schrittweise Aufschreiben und Kombinieren der Ideen stehen hier im Vordergrund**.

2.3 Der Arbeitsablauf

Die Arbeitsweise bei den einzelnen Übungen ist für dich immer ähnlich:

1. Ich erzähle dir eine Geschichte, zeige dir einen Text oder stelle dir Fragen.
2. Die Fragen können eine Art Interview sein. Hier darfst du dich gerne wie ein Glamour-Girl oder ein Fancy-Boy beim Star-Talk fühlen. Du genießt, denkst eine kleine Weile nach, schaust eventuell in deinem alten Photo-Ordner nach Details, die deiner Erinnerung auf die Sprünge helfen.
3. Du machst dir Notizen. Vielleicht fällt dir auch gleich ein ganzer Textabschnitt ein.
4. Womöglich fällt dir auch erstmal gar nichts ein. Das ist weder schlimm, noch hat es etwas mit *Un*kreativität zu tun. Im Gegenteil: Oft braucht die Inspiration einen Augenblick, um zu zünden. Manchmal auch Tage. Es *kann* einiges herauskommen bei diesem Kurs, es *muss* aber nicht, denn wir prüfen hier ja keine mathematische Gleichung auf ihre Richtigkeit, sondern spüren Erlebnissen nach, die man so oder so interpretieren kann.
5. Lass dir also Zeit und Luft. Lass dir die Lust nicht durch zu viel Druck vermiesen. **Luſtigkeit** und **Luftigkeit** liegen eng beieinander, wie man bereits erkennt, wenn man beide Begriffe einmal in Frakturschrift notiert.

   wo ist die schöne lach? wo ist der trotze gang?
   desz geistes lustigkeit? das spielen? der gesang?

   So zitieren Jacob und Wilhelm Grimm Caspar Kirchner aus Martin Opitz' 1624 erschienenem *Buch von der deutschen Poeterey.* Und so brauchen wir alle etwas Luft zum Denken, sonst verlieren wir die Lust.
6. Nach einer Weile kannst du schauen, wie gut deine ersten Notizen zusammenpassen, Ergänzungen einfügen, Einzelnes umstellen, vielleicht auch die ein oder andere Dopplung wegstreichen: die Sache einfach ein wenig ordnen. Eventuell bemerkst du auch, in welcher Reihenfolge sich eine Geschichte besser erzählen lässt. Denn es muss nicht alles chronologisch berichtet werden. Es ist wie bei manchen Krimis, wo wir schon den Schluss kennen (jemand wurde beraubt) und Kommissarin Highsmith nun herausfinden muss, wie der Ablauf des Geschehens war. Dabei kommen Details zum Vorschein, die die Ermittlerin auf einer großen Wand anklebt und sortiert.
7. Das kannst du auch!

Gedankenkarte – Koordinaten zum Ich

Übung 1

Du kannst eine Mindmap zu deinem Leben erstellen. Diese graphische Methode des Brainstormings dient dazu, vage Gedanken und gedachte Beziehungen etwas konkreter zu machen, ohne sie gleich ausformulieren zu müssen. Nachdem du dein Thema bestimmt hast, kannst du es groß in die Mitte eines großen Bogens Konzeptpapier setzen. Dem Papier kannst du dann an mehreren Stellen kleine Überschriften verpassen, die mit dem zentralen Punkt z. B. durch Linien verbunden, einen Hauptaspekt dieses Themas darstellen. Unter den Überschriften ist Platz, weitere Details zu notieren, am besten mithilfe von farbigen Schlüsselwörtern oder kleinen Zeichnungen, damit die Mindmap visuell ansprechend wird und leicht verständlich ist. Das Zentrum in deiner **eigenen Mindmap** bist natürlich du selbst. Die Rubriken können ähnliche oder ganz andere sein wie in meinem Beispiel unten.

HAUSTIERE, DIE ICH HATTE ODER GERN GEHABT HÄTTE
- Hansi: (hab mich zu wenig um ihn gekümmert)
- Froschi (war peinlich echt, aber echt wichtig, als ich noch klein war)
- Kopfläuse: Alle Kinder in der Straße mussten geschoren werden

ALLE MEINE WOHNUNGEN
- Am Stürmberg: Da qualmte der Kohleofen ständig
- In Berlin: verliebt in die Mitbewohnerin
- In Klein-Jerusalem: 17 Jahre Nordseite.

BESONDERE URLAUBE
- Einmal quer durch Griechenland (2017)
- Einen ganzen Monat am Strand (Lettland 2009)

ICH UND MEIN LEBEN

ALLE MEINE UNFÄLLE
- Mit 7 beinahe in ein Auto reingerauscht
- Mit 9 den ~~Arm~~ Bein gebrochen. Doof, aber besten Freund im Krankenhaus kennengelernt

~~ALLES~~, WAS MICH VON MEINEN ELTERN / MEINER FAMILIE UNTERSCHEIDET
- Ich habe Abi gemacht
- Ich habe wieder Kontakt zu meiner Nichte
- Ich kann Komplimente machen

ALLE MEINE PARTNER*
- Felix: Die Haare!
- Sabrina: Wollte Sex auf der Motorhaube
- Steffie: Meine Hilfe aus der Sackgasse
- Claudia I–III

8. Wenn du fertig bist, fertige eine Reinschrift deines Textes an. Dabei ist es egal, ob das im Computer geschieht oder auf Papier. Wenn du dich für Papier entscheidest, nimm ruhig ein schönes, etwas dickeres Blatt oder ein hübsches Notizbuch, in das du auch sonst deine wertvollen Gedanken schreibst. Wichtig ist, dass du zufrieden bist mit deinem Text und gleichzeitig keine Angst davor hast, noch allerletzte Kleinigkeiten beim Abschreiben zu ändern – sei es ein Tippfehler, ein Satzzeichen oder ein Wort, das dir jetzt auf einmal falsch vorkommt und das du doch besser wieder durch das einer vorigen Version ersetzen möchtest. Gut, dass du deine Vorversuche nicht gelöscht, sondern das betreffende Wort darin nur durchgestrichen hast. So ist, was du jetzt brauchst, leicht wiederherzustellen.

Deinen fertigen Text kannst du nicht nur deiner Familie oder deinen Freundinnen zu lesen geben, sondern, wenn du möchtest, auch deinem Kursleiter, also mir. Ich freue mich über Ergebnisse und Erfahrungsberichte, eventuell über Verbesserungsvorschläge oder Erweiterungswünsche zu diesem Werkbuch. Meine Kontaktadresse findest du ganz am Ende.

Apropos: Ich hatte ja bereits erwähnt, dass man sich meine Werkbücher sowohl einzeln als auch in der Gruppe vornehmen kann. Je nach Übung und Werkbuchthema gibt es im Heft Kopiervorlagen oder besondere Seiten, um etwas auszuprobieren. Falls es sich bei den Probierern aber tatsächlich um eine Gruppe handelt, wäre es nett, wenn jede Teilnehmerin die Arbeit, die in diesem Projekt steckt, mit einem Kostenbeitrag würdigt.

2.4 Die Zeit und das Notieren

»[…] hatte 3 Wochen eine Schreibblockade über die ich tatsächlich in Tränen ausbrach, immer wenn ich an dem Wäldchen der Hamburgerstrasze vorbeikam […]«[4]

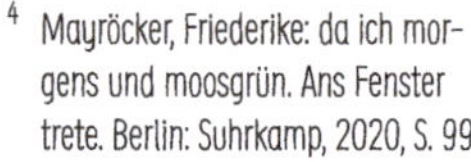

[4] Mayröcker, Friederike: da ich morgens und moosgrün. Ans Fenster trete. Berlin: Suhrkamp, 2020, S. 99.

Bild: Nick Nice. Quelle: Unsplash

Friederike Mayröcker (1924–2021) erinnert sich in ihrem Buch *da ich morgens und moosgrün. Ans Fenster trete* an einen Konflikt. Sie kommt immer wieder an einer schönen, inspirierenden Stelle in der Stadt vorbei, möchte ihr Gefühl dazu aufschreiben, aber da es nicht gelingt, hilft nur Weinen. Das löst die Spannung, erzeugt aber keinen Text, sondern bloß weitere unaufschreibbare Erinnerungen.

So weit wollen wir es nicht kommen lassen. Der beste Weg, mit einer Schreibblockade umzugehen, ist, einen Umweg zu nehmen. Dir fällt nichts ein? Das Dokument, das du geöffnet hast, bleibt blank, das Papier leer? Dann räum doch zunächst die Spülmaschine aus, geh einkaufen oder beschäftige dich mit einer anderen, leichten Sache. Die Inspiration kommt schon noch. Sie ist wie eine Katze, die selten hört, wenn man sie ruft, sich aber immer in deiner Nähe aufhält. Erst, wenn sie den Eindruck hat, dir egal zu sein, schleicht sie heran, macht auf sich aufmerksam und schmiegt sich an dich!

Lass dir Zeit beim Durchlesen der einzelnen Abschnitte und beim Bearbeiten der Übungen. Einer der Vorteile dieses Werkbuchs gegenüber Online-Kursen oder auch solchen in Präsenz, die auf eine bestimmte Laufzeit angelegt sind, ist, dass du hier den ›Flow‹ selbst bestimmen kannst. Das ist zugleich eine Herausforderung und die erste Übungsaufgabe, noch vor jener, die ich in Abschnitt 2.3 gestellt habe. Wichtig dabei ist, dass du dich zumindest während des Schreibens nicht ablenken lässt, sondern dich bewusst hinsetzt und dich damit befasst, was du mithilfe dieses Workshops erarbeiten möchtest. Das geht im Gegensatz zum Inspiriertwerden nicht ›nebenbei‹.

Und wenn ich »hinsetzen« schreibe, meine ich tatsächlich nicht nur deine innere Haltung, sondern ganz konkret auch deine Körperhaltung. Selbstverständlich sollst du es nicht unbequem haben. Du solltest aber jederzeit in der Lage sein, dir Notizen zu machen, an den Rand zu schreiben, Ideen zu skizzieren, die sonst verloren gehen – erst recht, wenn du es dir allzu bequem auf dem Sofa gemacht hast oder die Schreibmappe auf deinen Knien hin und her rutscht.

3 Kurze Geschichte des (auto-)biographischen Schreibens

»Creare« heißt sich selbst (neu) schöpfen oder neu erfinden. **Kreativ zu sein ist ein Prozess, kein Ergebnis.** Kreative Selbstgestaltung bedeutet deshalb auch Selbstbestimmung, vor allem in Bereichen, in denen durch die kreative Arbeit leidenschaftliche Interessen und die Kraft der Veränderung wieder lebendig werden. Es ist das ganz persönliche, vom Individuum selbst bestimmte Entdecken der eigenen Ausdrucksformen und die daraus folgende **Öffnung neuer Erfahrungsräume**, die biographisches Schreiben zu einem Motor und einem Instrument der Selbstentdeckung macht und dem Schreibenden zum Erkenntnisgewinn über sich selbst verhilft. Viele Beispiele aus der Praxis – auch aus der Geschichte – zeigen dies.

Biographen und Selbstlebensschreibern ging es aber nicht zu allen Zeiten um authentisches Sich-selbst-Erfinden im Sinne eines Erzählens toller Anekdoten. Individualität kannte man im Mittelalter und der frühen Neuzeit nur in einem Rahmen, der auf Arbeit oder Religion bezogen war, nicht aber im Hinblick auf genussvolle Selbsterfüllung. Trotzdem hat (auto-)biographisches Schreiben schon immer ganz viel mit Erfinden, Vermuten und Zurechtlegen zu tun gehabt.

In der Spätantike (ca. 300 bis 600 n. Chr.) gab es einen intensiven Totenkult, bei dem der Tote als aktiv Handelnder mitgedacht wurde. In vielen Kulturen der Welt hat sich die Tradition bis heute erhalten, nach der der Mensch, wenn er verstorben ist, nicht einfach zu einem Ding wird, das man begraben muss, sondern sozusagen in einer anderen Sphäre weiterlebt und deshalb auch weiter verehrt werden kann. Das geschieht mithilfe von Ritualen, etwa einem gemeinsamen Picknick am Grab des Verwandten, der sogenannten Totenspeisung, inklusive Gesang und Tanz, ganz ähnlich wie es heute noch auf den Philippinen und in Indonesien zelebriert wird. Im Römischen Reich mussten Friedhöfe teilweise von den Behörden geräumt werden, weil sie so belebt waren wie der Prater im Mai:

Photo: Ryoji Iwata. Quelle: Unsplash.

> Da kommen die seligen Träume
> Es muss wieder Frühlingszeit sein
> Im Prater blühn wieder die Bäume
> Es leuchtet ihr duftendes Grün
> Drum küss, nur küss nicht säume
> Denn Frühling ist wieder in Wien

So jedenfalls der Text von Kurt Robitschek zu Robert Stolz' berühmter Melodie.[5]

[5] https://v34h.de/stolz

Von solch buntem Treiben ist in Mitteleuropa heutzutage nur das ›Kaffeetrinken‹ nach der Beerdigung übrig geblieben. In den Geschichten und Erinnerungen, die man während des Trauerkaffees austauscht, lebt der Verstorbene weiter. Auch die Grabsteine und Denkmäler gaben stets Auskunft über die Verstorbenen (je größer, desto wichtiger war oder fühlte sich die Person), und manchmal auch über die Hinterbliebenen, wenn etwa auf einem Stein des Melatenfriedhofs in Köln zu lesen ist:

Hier liegt unsere Mutter.
Sie hatte es nicht immer leicht mit uns.
Und wir nicht mit ihr.

Im 11. Jahrhundert, dem Zeitalter des Burgenbauens und wichtiger Kirchbauten wie des Speyerer Doms oder der Abtei Cluny, etablierten sich Erinnerungsschriften, die nicht ausschließlich für Angehörige bestimmt waren, sondern für Mitglieder einer größeren Gemeinschaft, die als Nachfahren am gleichen Ort lebten. Vor allem waren es Adlige oder Mönche, die später als Heilige verehrt wurden, wie der Bischof Benno von Meißen (ca. 1010–1106). Die Benno-Vita zeichnet sich vor allem dadurch aus, dass ihr Verfasser nicht nur an Bennos gute Taten erinnert, sondern auch weniger rühmliche Episoden nicht ausspart. Dabei geht es ihm nicht darum, besonders authentisch zu sein, sondern um die Läuterung des Heiligen, bevor er heilig wurde: Denn wenn jemand vorher ein Schurke war und dann bekehrt wird zum Guten, wirkt das viel stärker aufs Publikum, als wenn der Brave schon ein braves Kind war.

Im Lauf der Zeit wurde das Erinnern an wichtige Verstorbene immer weiter professionalisiert, d. h. es wurde nicht mehr im engen Familienrahmen oder in der Dorfgemeinde vollzogen, sondern durch Institutionen durchgeführt. Gleichzeitig wurden regional immer mehr Heilige (darunter auch noch Lebende) verehrt, sodass mehrere Päpste die Regeln verschärfen mussten: Neben einer verlässlichen Vita sollten durch glaubwürdige Zeugen nun auch mindestens zwei Wunder oder ein extremes Martyrium nachgewiesen werden. So entstanden neben den offiziellen Berichten viele Legenden. Und manchmal konnte man den einen vom anderen Heiligen nicht unterscheiden ... Für einen eigenen Text über St. Genoveva habe ich das ausgenutzt. Einerseits ist Ste. Geneviève – heutzutage würde man sie Jenny nennen – die Schutzpatronin von Paris und geboren im Banlieu Nanterre, wo 2023 wieder einmal die Barrikaden brannten, nachdem ein schwarzer Jugendlicher bei einem Polizeieinsatz getötet worden war. Die Stories, die sich um die um 422 n. Chr. geborene Pariser Genoveva ranken, haben durchaus Parallelen zu jener Genoveva, die um 730 n. Chr. im nicht so weit entfernten Brabant als Tochter eines Herzogs das Licht der Welt erblickte, wegen ihrer Weigerung, sich mit einem Mann zu vermählen, verbannt wurde und jahrelang mit ihrem Sohn in einer Höhle im Wald lebte.

GENOVEVA

> ein durch wunder verklärtes leben wolle sie führen, eines der abtötung. zu den feiern der heiligen geheimnisse aber erscheint sie als erste: spelunken und hemmungsloses vergnügen können ihr niemals genügen, eine lichtung im forst ist ihre kathedrale. wer die hand gegen das leichte gewand der tapferheit hebt, wird ein perlmuttenes feuer erleben. die kerzen entzünden sich, wenn Genoveva sie greift, die männer, halb wahnsinnig vor angst, wollen Gwen steinigen. das erste wunder geschieht, sie erwählt sich einen, baut ihm ein haus. er ist der roheste zecher, partikel des stablichts bewirken heilung: Attila flieht, Childerichs goldbienen finden den stock nicht wieder; niemand wird durch vergorenen honig vergiftet. paris ist eine waldeinsamkeit, in der sich die hasen anspringen, ohne dass Gwen, freunde nennen sie Gwen, böse sein kann. der unbekümmerte junge zu ihren füszen, sagt man, sei ihr sohn Schmerzensreich, das berühmte, in den brunnen gefallene kind, von Gwen in ein pallium gewickelt, gerettet. aber sie hat ihn geboren durch eine hinde, das ist die wahrheit. die weisseste hindin, die das siegel ist auf dem gelübde der jungfrau.

»Waldlandschaft mit Genoveva und ihrem Sohn Schmerzensreich«

Bild: August Leopold Venus (1843–1886). Quelle: Wikimedia Commons

Du hast längst bemerkt, dass die Heiligengeschichten nur so strotzen vor Lücken. Das hängt nicht nur damit zusammen, dass die Viten oft erst viele Jahre, Jahrzehnte oder gar Jahrhunderte nach dem Ableben ihrer Helden und Heldinnen verfasst wurden. Es liegt auch daran, dass sich die Schreiber auf das Wesentliche konzentrierten. Für die Verehrung sind nur wenige Details notwendig. Genoveva heilt das brennende Verlangen der Männer und spricht mit Tieren. Welche Wunder würde man wohl von dir berichten, wollte man dich in den Heiligenstand erheben?

Wunder was!

Übung 2

Mach doch einfach mal eine kleine Liste. Und sag bloß nicht, du hättest noch nie ein Wunder vollbracht! Vielleicht sollten wir den Begriff erstmal klären, bevor du beruhigten Gewissens loslegen kannst.

Ein kurzer Blick ins Netz verrät uns: Unsere heutige Vorstellung von einem Wunder ist sehr modern. Sie setzt das Wissen um die Existenz von Naturgesetzen voraus. Für uns ist ein Wunder mit etwas Übernatürlichem verbunden, für die Menschen damals war es eher eine Art sensationelle Leistung oder Tat. Die körperliche oder geistige Anstrengung eines Menschen, die dem Durchschnittswissen oder -können überlegen war und über die man staunen konnte, also eher eine Sensation im Sinne der Spielshow *Wetten, dass..?*

Ich habe es schon einmal geschafft, drei Kleidungsstücke so in die Luft zu werfen, dass ich nur noch selbst hochspringen musste, um im Flug ›von ihnen angezogen‹ zu werden. So in etwa.

Lass dir Zeit beim Überlegen, übertreibe ruhig ein bisschen und formuliere dein Mirakel am besten so wie im Beispielsatz, damit du dich nicht gleich in einer vielleicht schwülstigen Erzählung verhedderst wie ich in Wirklichkeit in meinen Klamotten ... Gefragt ist nichts Übernatürliches wie *Die Klimakrise abwenden* oder *Den Welthunger mit einem* SCHNIPP *beseitigen*. Womit hast du deine Umgebung einfach mal beeindruckt?

Illustration zu H. G. Wells, *The Man Who Could Work Miracles*

Im Gegenzug zum geistlichen Stand ging es den Adligen mit der aufkommenden Mode, den eigenen Werdegang und jenen der Vorfahren aufzuschreiben, eher darum, ihren direkten politischen Status zu sichern und zu rechtfertigen. Denn nur, wer großartige Ahnen hatte, konnte selbst ein großer Herrscher sein. So fabulierten sich viele kleinere Könige eine Familiengeschichte zurecht, die das Blaue vom Himmel königsblau erscheinen ließ.

Bild: Frank Rudolph Paul 1926. Quelle: Wikimedia Commons

Übung 3

Stammbäume stemmen

Na, dann mal los! Wir nehmen die Gelegenheit wahr, gleich ein weiteres Teilstückchen unseres Lebenslaufs zu ergänzen. Diesmal lautet die Übung, ganz normal und sachlich aufzuschreiben, wer deine Vorfahren waren und was sie beruflich gemacht haben oder ob sie vielleicht für irgendetwas besonders bekannt waren. Hier die Spiel- bzw. Schreibregeln:

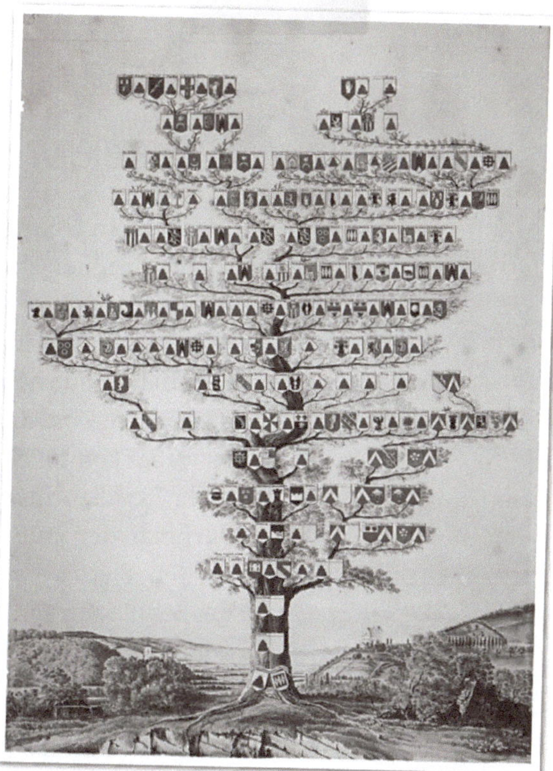
Stammbaum der Familien Effinger (1816)

Quelle: Schweizerisches Nationalmuseum via Wikimedia Commons

- Gehe so weit zurück, wie deine Erinnerung reicht, ohne irgendwo (z. B. in einem Stammbaum) nachschlagen zu müssen. Wo dir ein Zusammenhang fehlt, improvisiere einfach (korrigieren lässt es sich später immer noch).
- Verwende für jede Person nicht mehr als höchstens drei bis vier einfache Aussagesätze. Beginne bei der Person, die dir am nächsten verwandt ist, also bei Geschwistern und Eltern, bevor du in die Vergangenheit reist.
- Familienmitglieder, deren Namen und zumindest ungefähre Beziehung zu deiner Kernfamilie du kennst, über die du aber nicht mehr weißt, kannst du trotzdem einbeziehen. Beispiel: *Und dann war da noch Tante Selma, von der ich sogar ein Erbstück bekommen habe (meinen ersten WG-Tisch), aber von der ich nicht weiß, ob sie wirklich meine Tante war.*
- Wer bereits das Werkbuch *Vogue! Pose!* zum *Selbstbewussten Schreiben* bearbeitet hat, weiß Bescheid. Für alle anderen sei hier nochmals gesagt: Wer zu deiner Familie gehört und wer nicht, bestimmst allein du selbst! Trigger solltest du aber möglichst nicht vermeiden, denn zumindest ein Teil derjenigen, die biographisch schreiben, wollen gerade versuchen, schwierige Situationen zu verarbeiten oder ebensolche Mitmenschen für sich einzuordnen bzw. sich von ihnen weg- und loszuschreiben. Notfalls schreibst du: *Onkel Eduard war immer der Lustigste bei Familienfesten – aber er war auch ein Arschloch.* Das reicht für den Anfang.

Wer sich in der Antike und im Mittelalter an sein Leben oder das seiner Vorfahren zurückerinnerte, tat dies also entweder aus politischen oder aus religiösen Gründen. Man erinnerte sich vor allem seiner Sünden, um zu zeigen, was man daraus gelernt hatte. Missetaten wurden noch nicht individuell erfahren, sondern wie in einem vorgegebenen Katalog entziffert; deshalb gleicht das Erzählen darüber auch nicht der Zerstreuung oder gar exhibitionistischen Zurschaustellung wie in späteren Jahrhunderten.

Anders gleich

Übung 4

Wenn du in Übung 3 schon deine Vorfahren in den Blick genommen hast, wäre hier eine geeignete Stelle, zu überlegen, was dich von deiner direkten Verwandtschaft unterscheidet. Was macht dich zu einem eigenständigen Menschen? Es geht dabei um Eigenschaften, Verhaltensweisen und nur nebenbei ums Aussehen – es sei denn natürlich, du bist das einzige Kind der Familie mit roten Haaren, einer anderen Hautfarbe usw. Klar kommt es auf die inneren Werte an. In einer Zeit, in der immer mehr Familien aus ethnisch und kulturell diversen Mitgliedern bestehen, darf man den ›äußeren Faktor‹ jedoch nicht allzu leichtfertig herunterspielen. Selbstverständlich macht es etwas mit einem Kind, wenn es in der Schule gefragt wird, weshalb es zwei Mütter, aber keinen Vater hat – oder wenn es wegen seiner ausnehmenden Blässe gehänselt wird.

Mach also zunächst eine Liste mit dem, was dich von Eltern, Geschwistern usw. unterscheidet – oder auch gerade *nicht* unterscheidet, wenn ihr euch etwa wie ein Ei dem anderen gleicht. Aus der Liste kann diesmal ruhig ein kleiner Bericht werden, eine Erinnerung daran, wann jemand anderem die Unterschiedlichkeit besonders auffiel oder du bewusst mit ihr gearbeitet hast (z. B. in der Pubertät). Nimm dir am besten kein einzelnes Papier, sondern ein ganzes Notizbuch – so befinden sich später alle aus den Übungen hervorgehenden Textbruchstücke an einem Ort.

Das Zeitalter der Renaissance (15./16. Jahrhundert) war dann eine Epoche der Wiederentdeckung antiker Werte und Lebenszeit herausragender Persönlichkeiten wie Shakespeare, Michelangelo, Leonardo da Vinci, Albrecht Dürer oder Orlando di Lasso. Allein die Tatsache, dass sich spontan so viele Namen aufzählen lassen, zeigt, wie viel Wichtiges sich in dieser Zeit getan hat: Gutenberg druckt ab 1452 zum ersten Mal eine Bibel mit beweglichen Lettern, Luther übersetzt sie siebzig Jahre später ins Deutsche … Geschichten gäbe es zu erzählen noch und nöcher! Aber erstens gibt es keinen mehr, der persönlich dabei war und berichten könnte, wie es ›wirklich‹ gewesen ist, und zweitens: Wo beginnen? Die Herausforderung, der wir uns mit diesem Werkbuch stellen, packt sich also nicht erst beim Schreiben übers eigene Leben in den Weg (und da ist dann ja definitiv noch jemand da, der es persönlich erlebt hat), sondern bereits beim Verfassen eines geschichtlichen Abrisses.

Der Dichter Francesco Petrarca (1304–1374) hatte noch versucht, die antike Kunst, nach strengen formellen Regeln zu leben, mit der Praxis der Sündenanalyse im Nachhinein zusammenzuführen, also seine wie auch immer entstandene ›Schuld‹ durch Beichten abzulegen oder durch eine Naturbedingtheit zu rechtfertigen (›Der Mensch *kann* seit dem biblischen Sündenfall gar nicht anders.‹). Dabei wurde er künstlich, d. h. er ist einer der ersten, die die ethisch-religiösen Gesichtspunkte der autobiographischen Selbstbetrachtung zugunsten einer ästhetischen Form vernachlässigen: Hauptsache *elegant* gebeichtet nach dem Motto »Der Lebensweg mag Abgründe und Tiefen haben, aber er wirkt schön, wenn man ihn von einem Berg aus betrachtet« steigt Petrarca auf den Mont Ventoux in der Provence und ergötzt sich an dem schönen Anblick. In einem Brief berichtet er vom Aufstieg, überschaut seinen bisherigen Lebensweg und nimmt die Verirrungen wahr, die er sich hat zuschulden kommen lassen, die Bemühungen um Selbstkorrektur, den Konflikt einander widerstrebender Neigungen, der in seiner Seele tobt. Er enthüllt die Widersprüche, die sein Leben kennzeichnen, aber er erzeugt auch den Eindruck, dass die Diskrepanzen Teil eines Ganzen sind, das seine individuelle Persönlichkeit ausmacht. Kurz: Petrarca empfindet *Lust* an den Widersprüchen!

Francesco Petrarca (1304–1374)

Böse Zungen behaupten, er habe den Ventoux gar nicht erklommen, die Grenzerfahrung nie wirklich gemacht, sondern sich alles ausgedacht. Auch das gehört zur neuen Zeit – zur Neuzeit, wie die Renaissance auch genannt wird: Man muss nicht mehr alles selbst erleben, man kann sich auch Erinnerungen anlesen oder sie erfinden. Die neue Form der Selbstdarstellung, die u. a. vom Essayisten Michel de Montaigne (1533–1592) sehr gepflegt wird, ist eine sogenannte Selbst-Alterisierung: Man macht ein Spiel daraus, sich selbst fremd vorzukommen und sich über sein eigenes Werden zu erstaunen, sozusagen aus einer Außenperspektive auf sich selbst. Montaigne will das Fremde im Eigenen nicht assimilieren, damit nicht eins werden. Sein Ziel besteht darin, es zu beobachten und zu erforschen. Selbsterfahrung ist jedoch an Selbstentfremdung gekoppelt.

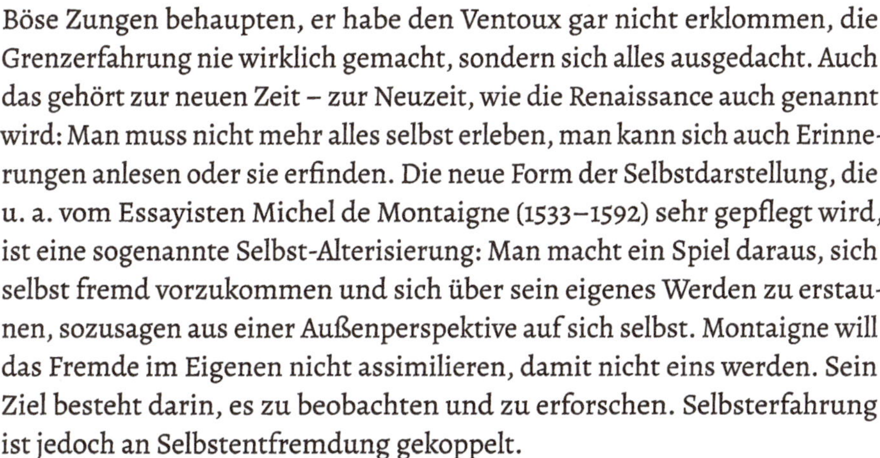
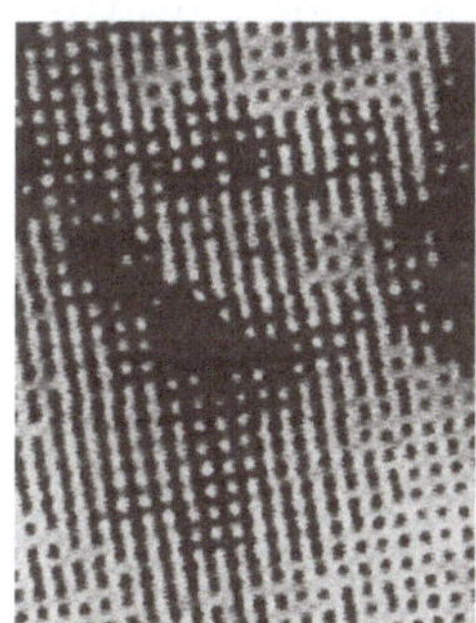

Naturistenszene aus dem Kunstwerk »Hüter der Schwelle« (2003) von Sigmar Polke (1941–2010)

Zur Erinnerung: In den ersten Werkbuchübungen hast du das bereits ausprobiert, dich selbst in verschiedene Rubriken eingeteilt, dich selbst als Fremden (Heiligen) betrachtet und einige Bruchstücke zusammengetragen, die zwar noch kein Ganzes bilden, mit den Ergebnissen der weiteren Übungen aber sicher ein interessantes Mosaik von dir und deinem Leben ergeben. Es ist wie bei jenen Pixelbildern, die aus der Nähe nur Grissel zeigen, bei denen man mit etwas Abstand aber ein Portrait, eine Landschaft oder eine Naturistenszene erkennt. Der Mensch und seine Umgebung bestehen nicht mehr nur aus dem großen Ganzen, sondern aus vielen einzelnen Bausteinchen.

Im 18. und 19. Jahrhundert wird dem Erinnerungsvermögen eine einheits- und identitätsstiftende Funktion zugeschrieben. Im Mittelalter schrieb man seine Autobiographie noch entlang des von der Kirche vorgegebenen Idealzustands auf: Man bestätigte sich selbst und anderen, dass das Leben in normalen Bahnen verlaufen war bzw. wie es Gott gewollt habe. Bereits seit dem 17. Jahrhundert verhandeln literarisch-autobiographische Darstellungen jedoch Ausnahmezustände wie Träume, Verbrechen, Wahnsinn oder, wie bei Samuel Pepys (1633–1703), die Pest in London 1665 und den großen Brand der Stadt im Jahr darauf. Seine Tagebücher, in denen er etwa auch notiert, wie er der Hausmagd nachstellt, fallen in eine Epoche politischer Umbrüche in England und gehören zu den wichtigsten und am häufigsten zitierten Quellen aus dieser Zeit.

Samuel Pepys (1633–1703)

Bild: John Hayls 1666. Quelle: Wikimedia Commons

Monday 30 September 1667

[...] Home at noon to dinner, where I expected to have had our new girle, my wife's woman, but she is not yet come. I abroad after dinner to White Hall, and there among other things do hear that there will be musique to-morrow night before the King. So to Westminster, where to the Swan and there I did fling down the fille there upon the chair and did tocar her thigh with my hand; at which she begin to cry out, so I left off and drank and away to the Hall, and thence to Mrs. Martin's, to bespeak some linen, and there je did avoir all with her, and drank, and away, having first promised my goddaughter a new coat – her first coat.[6]

[6] Latham, Robert (ed.): The diary of Samuel Pepys. A new and complete transcription. Vol. 5–8. 1664–1667. London: Bell, 1974.

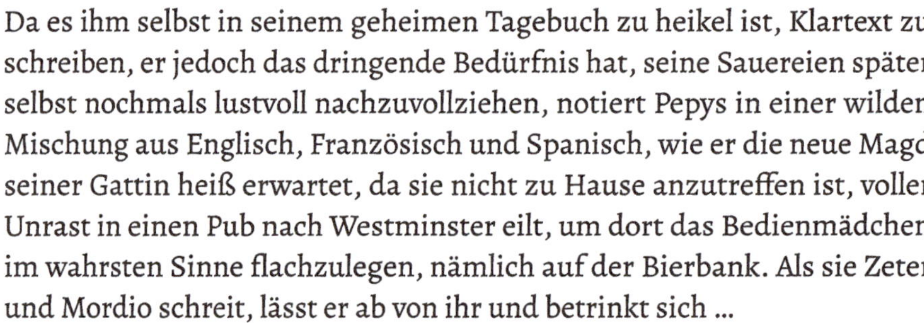

Da es ihm selbst in seinem geheimen Tagebuch zu heikel ist, Klartext zu schreiben, er jedoch das dringende Bedürfnis hat, seine Sauereien später selbst nochmals lustvoll nachzuvollziehen, notiert Pepys in einer wilden Mischung aus Englisch, Französisch und Spanisch, wie er die neue Magd seiner Gattin heiß erwartet, da sie nicht zu Hause anzutreffen ist, voller Unrast in einen Pub nach Westminster eilt, um dort das Bedienmädchen im wahrsten Sinne flachzulegen, nämlich auf der Bierbank. Als sie Zeter und Mordio schreit, lässt er ab von ihr und betrinkt sich ...

Zwei Jahre zuvor hatte er es mit einem Gelübde versucht: »einen Monat lang von den Frauen zu lassen [...] Dann kann ich mich auch wieder um meine Arbeit kümmern, die ich im Augenblick sehr vernachlässige.«[7] Tatsächlich kann er es sich eine Weile verkneifen, die Frauen in seiner Umgebung anzufassen und zu machen, »was ich wollte«; besonders von den Prostituierten der Stadt hält er sich fern »aus Angst, ich könnte mich anstecken«.[8] Nichtsdestotrotz erwischt ihn seine Frau 1668 mit der Haushälterin, »als ich gerade das Mädchen in den Armen hielt und eine Hand unter ihrem Rock hatte; tatsächlich war ich gerade an einer zentralen Stelle«.[9] Und aus ist es mit der erotischen Gemütlichkeit!

[7] Pepys, Samuel: Tagebuch aus dem London des 17. Jahrhunderts. Ausgewählt, übersetzt und hg. v. Helmut Winter. Stuttgart: Reclam, 1980, 23.01.1665.

[8] Pepys: Tagebuch, 23.07.1664.

[9] Pepys: Tagebuch, 25.10.1668.

Johann Gottfried Herder (1744–1803), Naturphilosoph und humanistischer Dichterfreund Goethes, nimmt das Prinzip der sich mit Aktuellem mischenden spontanen Einfälle ebenfalls auf und lässt sich den Stoff seiner Lebensgeschichte durch die spontane Erinnerung vorgeben. Er schreibt auf, was ihm gerade im Moment einfällt. Herder befreit den Autobiographen von der Pflicht zu unbedingter Wahrhaftigkeit und behauptet, die durch ein Gefühl hervorgerufene Erinnerung sei unfehlbar, man könne sich also nicht ›falsch‹ oder ungenau erinnern. In der »chaîne des sentiments« (Rousseau), der Kette der Empfindungen, ergibt im Einklang des Deutungsverzichts eins das nächste. Erinnerungslücken dienen dabei als Authentizitätsmarker, der Bruch ist wichtig für die Erinnerung. Mit anderen Worten: Man lässt es auf den Zufall ankommen, an was man sich erinnert und in welcher Reihenfolge man diese Erinnerungen aufschreibt. Herder möchte nichts erzwingen, sondern glaubt daran, dass, was ihm einfällt, ein natürliches Tetris ergeben werde, die Bausteine seiner Memoiren sich wie von selbst ineinanderfügen.

Johann Gottfried Herder (1744–1803)

Bild: Anton Graff (1736–1813). Quelle: Wikimedia Commons

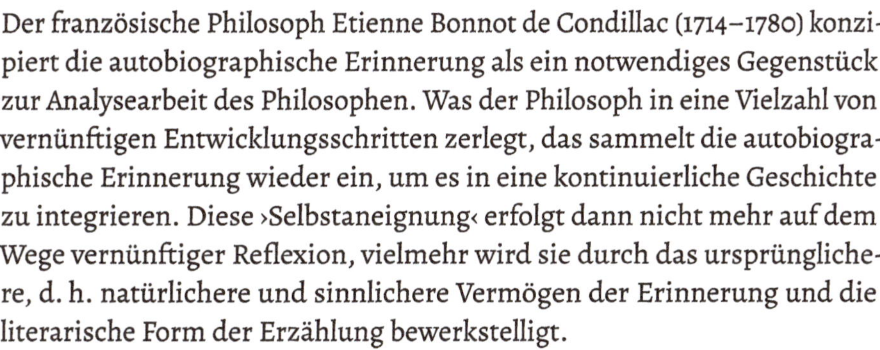

Der französische Philosoph Etienne Bonnot de Condillac (1714–1780) konzipiert die autobiographische Erinnerung als ein notwendiges Gegenstück zur Analysearbeit des Philosophen. Was der Philosoph in eine Vielzahl von vernünftigen Entwicklungsschritten zerlegt, das sammelt die autobiographische Erinnerung wieder ein, um es in eine kontinuierliche Geschichte zu integrieren. Diese ›Selbstaneignung‹ erfolgt dann nicht mehr auf dem Wege vernünftiger Reflexion, vielmehr wird sie durch das ursprünglichere, d. h. natürlichere und sinnlichere Vermögen der Erinnerung und die literarische Form der Erzählung bewerkstelligt.

Etienne Bonnot de Condillac (1714–1780)

Bild: Guiseppe Baldrighi / Pierre-Michel Alix. Quelle: Wikimedia Commons

Es entsteht Poesie!

Ganz deutlich wird dieses ›Verfahren‹ in den Erziehungs- und Bildungsromanen der Zeit, die sich nicht mehr beschränken auf den Übergang von der Sinnlichkeit des Kindes zur ausgebildeten Vernunft Erwachsener, sondern die die gesamte Entwicklung nachvollziehen. Man braucht jetzt keine göttliche Gnade mehr, der man in seinem Leben gerecht werden will – der neue Mensch kann sich selbst betrachten, analysieren und daher auch autonom vollenden, was Gott bzw. die Natur unvollendet ließen. Oder einfach ausgedrückt: Der Mensch ist jetzt – gedanklich – in der Lage, sich selbst und sein Leben im Rückblick neu zu erfinden. Christoph Martin Wieland (1733–1813), Shakespeare-Übersetzer und selbst Dichter, nennt es »sein eigener zweiter Schöpfer sein«. Vielfach vollzieht sich diese Selbstschöpfung in der Betrachtung einer beim Schreiben idealisierten Natur. Der Mensch entwickelt sich gerade unter dem Eindruck besonders beeindruckender Naturphänomene – eines berauschenden Wasserfalls oder eines enorm beschwerlichen Wegs – zu dem, was ihn im Innersten ausmacht. ›Physische Anthropologie‹ nennen die Wissenschaftler es, wenn das Gemüt durch äußere, körperliche Vorgaben oder Erfahrungen geleitet wird.[10] Das ist neu.

10 Wilhelm Heinses *Ardinghello*-Roman von 1785 und sein Italientagebuch sind schöne Beispiele hierfür (siehe Bücherliste).

Mit den neuen Inhalten verändert sich also auch die Form: Das persönliche Tagebuch entsteht. Freilich gibt es weiterhin ›offizielle‹ Tagebücher, etwa Arbeitsberichte (wie wir sie heute noch als Tages- oder Wochenberichte bei Auszubildenden kennen), Logbücher von Schiffen (bis hin zum Logbuch der USS Enterprise NCC-1701)[11] und andere Chroniken. Wenn man heute an Tagebücher denkt, hat man jedoch zuerst den individuellen, eher geheimen Selbstbericht vor Augen.

11 Captain Kirks Raumschifftagebuch aus dem Jahr 2266 lässt sich hier auf Deutsch studieren: *https://v34h.de/enterprise.*

Über die Website gelangt man auch zu den Logbüchern von Archer, Pike, Picard und anderen Protagonisten der Star-Trek-Multiversen.

Viele Jugendliche vertrauen Ängste und Sorgen ihren Tagebüchern an. Mit zunehmendem Alter lässt, so denn kein künstlerischer Hintergrund eine Rolle spielt, das Tagebuchschreiben nach. Mittlerweile gilt die Methode als gute Hilfe bei einer Vielzahl von körperlichen und psychischen Problemen. Beim therapeutischen oder ›expressiven‹ Tagebuchschreiben sollen Menschen über emotional aufwühlende Situationen schreiben und dabei in die Lage versetzt werden, sich tabulos mit dem Erlebten und den dadurch ausgelösten Gefühlen auseinanderzusetzen.[12] Das Land Rheinland-Pfalz führt gemeinsam mit der freien Initiative *Selbsthilfe SeelenWorte* gar einen Wettbewerb zum Zusammenhang von Ernährung und seelischer Gesundheit durch.[13] Ein guter Ansatz, das Schreiben gezielt auf ein ganz bestimmtes Ziel auszurichten, jedoch hart an der Grenze zur peinlichen Selbstentblößung in der Öffentlichkeit. Will ich tatsächlich als Betroffener einer Essstörung »in der Zeitung […] überregional bekannt« werden?

12 Einen weiterführenden Artikel zum expressiven bzw. therapeutischen Schreiben hat das Magazin *Katapult* 2023 veröffentlicht: Malleier, Stefanie: Psychologische Wirkung von Tagebüchern. Probleme einfach wegschreiben, in: Katapult Nr. 29 (2023), S. 32–35.

13 *https://v34h.de/seelenworte*

Bereits in den 1960er Jahren untersuchte der österreichische Psychiater Leo Navratil (1921–2006) den Zusammenhang zwischen Schizophrenie und Kunst. Er gab seinen Patienten thematische Stichworte vor, nach denen sie Bilder zeichnen oder Gedichte schreiben sollten. Navratil veröffentlichte, was einer seiner Schützlinge aufschrieb:

> Das Brot.
>
> Das Brot ist täglich unser
> Unterpfand,
> das Brot, als Kampfgarn
> Begleiter überm Lebenspfad,
> der Arbeit angemessen, das
> Geld des Lebens, und am Tag.[14]

14 Herbeck, Ernst: Alexander. Ausgewählte Texte 1961–1981. Salzburg, Wien: Residenz Verlag, 1982, S. 40.

Gerade dass die vorgegebenen Themen keine abstrakten Gebilde, sondern alltägliche Dinge sind, beruhigt den Schreiber: Ernst Herbeck (1920–1991) schreibt zwar nur auf Aufforderung, bleibt jedoch nie bloß am Gegenstand hängen, sondern erweitert den Gedankenraum oft um eine unerwartete Komponente.

Quelle: Wikimedia Commons

Die Zigarette.

ist ein Monopol und muss
geraucht werden. Auf Dasssie
in Flammen aufgeht.[15]

[15] Herbeck: Alexander, S. 59.

Für Herbeck war das Gedichteschreiben eine Art Tagebuch, mit dem er seinen Alltag fassen konnte. Vielen dient ein mehr oder weniger privates Diarium auch als Traumwerkzeug. Man schreibt auf, was man sich wünscht. Man überwindet die Kluft zwischen Alltag und Fantasie. Häufig ist der therapeutische Effekt des Schreibens während einer Übergangssituation oder später zu deren Einordnung wichtig. Deutlich wird das etwa an der Entwicklung des Menschen vom Kind zum Erwachsenen: Die Verwandlung der Kindheit in ein künstliches Paradies der Unschuld (zumindest in den Entwicklungsromanen) vertieft die Kluft, die der Heranwachsende überwinden muss. Der physische Reifezustand und die erwachende Sexualität markieren einen Augenblick höchster Gefahr. Entweder wird diese Schwelle in Lebensgeschichten später also durch eine radikale Zäsur hervorgehoben und zur zweiten Geburt des Individuums stilisiert – oder es gelingt dem Autor, einen Zusammenhang herzustellen und (so macht es Jean-Jacques Rousseau) die Entwicklung als kontinuierlich aufeinander aufbauende Stufen zu beschreiben.

Sicher ist jeder Mensch in der Lage, von beidem zu berichten. Wie war es bei dir? Machen wir eine weitere Übung daraus.

Unbeschränkte Übergänge

Übung 5

Wie gestaltete sich bei dir der Übergang von Kindheit und Jugend zum Erwachsenwerden? Bei Leuten, die wegen ihrer geschlechtlichen Orientierung ein Coming Out erlebten oder bei solchen, die gegen ihre Eltern richtig rebelliert haben, wird der Übergang eher ein Bruch sein, auch wenn man sich danach vielleicht wieder gut verstanden hat. Bei anderen mag es eher ein Hinübergleiten in die neue Lebensphase gewesen sein.

1. Beschreibe den Übergang ins Erwachsenenleben in einigen wenigen Sätzen. Versuche wie in der vorigen Übung, nur einfache Sätze zu verwenden und dich nicht in ausführlicher Detailschilderung zu verstricken. Ausschmücken kannst du das Ganze später immer noch, etwa nachdem du die Reihenfolge mehrerer Einzelpassagen festgelegt hast. Zunächst ist nur wichtig, überhaupt etwas aufs Papier zu bringen, eine erste Skizze anzufertigen.
2. Welche anderen ›Initiationen‹ hast du erlebt? Wie war zum Beispiel dein Einstieg ins Berufsleben? Wie fühltest du dich an deiner ersten Arbeitsstelle? Wie war es, als du dein erstes Kind bekommen hast? Wie ähnlich oder wie unterschiedlich waren die Umzüge, die du erlebt hast, bzw. die Gründe für die Umzüge? Welcher Unfall, welches Unglück hat dich geprägt? Ganz sicher fallen dir noch mehr ›Brüche‹ und lebensverändernde Situationen ein. Mach hier zunächst eine einfache Stichwortliste!

Jean-Jacques Rousseau (1712–1778)

Bild: Maurice Quentin de La Tour (1704–1788). Quelle: Wikimedia Commons

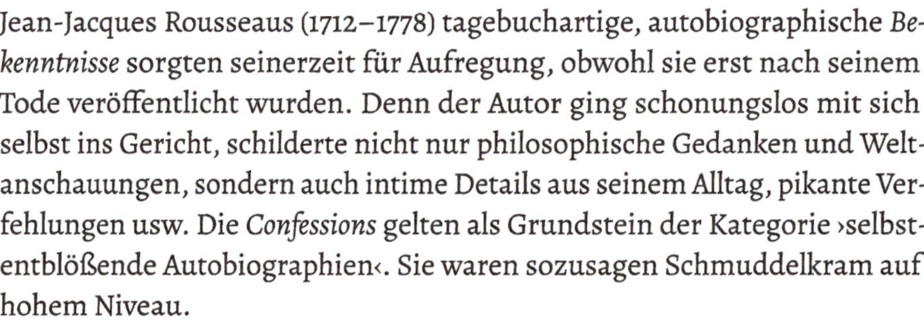

Jean-Jacques Rousseaus (1712–1778) tagebuchartige, autobiographische *Bekenntnisse* sorgten seinerzeit für Aufregung, obwohl sie erst nach seinem Tode veröffentlicht wurden. Denn der Autor ging schonungslos mit sich selbst ins Gericht, schilderte nicht nur philosophische Gedanken und Weltanschauungen, sondern auch intime Details aus seinem Alltag, pikante Verfehlungen usw. Die *Confessions* gelten als Grundstein der Kategorie ›selbstentblößende Autobiographien‹. Sie waren sozusagen Schmuddelkram auf hohem Niveau.

Johann Wolfgang Goethe (1749–1832) fand das nicht gut. Ihm kam es weniger auf »die Wahrheit des Gefühls« an, er wollte in einer Lebensgeschichte lieber Tatsachen sprechen lassen. Für Goethe mussten Memoiren Vorbildcharakter haben, man sollte sich nicht nur an der Selbstdarstellung des Autors voyeuristisch ergötzen, sondern etwas aus ihr lernen können. Deshalb forderte Goethe vom Autobiographen, dass er nur solche Erinnerungen mitteilen sollte, die als »Symbole des Menschenlebens« den tieferen Sinn desselben anschaulich zu machen vermögen.

Auch im 19. Jahrhundert konzentriert sich die Autobiographie noch darauf, eine Entwicklung der Persönlichkeit nachzuvollziehen oder vorzuweisen. Das private Empfinden wird wichtiger als das gesellschaftliche Angebundensein an Religion und Arbeit. Schon längst sind beide Sphären zeitlich und räumlich voneinander getrennt: Man arbeitet seit der Entstehung der Großstädte nicht mehr zu Hause – und man freut sich auf den Feierabend, der beginnt, sobald die Dampfmaschine aushaucht. Es wird poetisch formuliert, spontan und tagebuchartig geschrieben – eine Tätigkeit, mittels derer das Ich sich aus der Zerstreuung sammelt, die es in der immer vielfältiger sich entwickelnden Welt empfindet. Im industriellen Zeitalter nimmt sogar die Eisenbahn eine berauschende Geschwindigkeit von über 30 km/h auf, es gibt immer mehr Zeitschriften, erbauliche Bücher wollen gelesen werden, und andauernd ergeben sich neue naturwissenschaftliche Erkenntnisse. Der Mensch hat es immer schwerer, sich als Teil einer stabilen Gemeinschaft zu empfinden, und der Autobiograph muss große Anstrengungen unternehmen und einen hohen Aufwand an Kunst betreiben, um seiner Lebensgeschichte den Anschein von Stimmigkeit zu geben.

Photo: Charlotte Lacey Clarke. Quelle: Unsplash.

Daher gewinnt in der Moderne ab 1880 das Konzept des Sammelns an Gewicht. Die Erinnerung wird episodisch. Das Vergangene wird noch einmal durchlebt und das Subjekt liefert sich seiner Wiederkehr passiv aus, anstatt es aus der Perspektive der Gegenwart mit Bedeutung zu versehen. Es handelt sich um ein Erinnern in kurzen Sequenzen, die weder mit anderen Erinnerungen noch mit der gegenwärtigen Situation des Subjekts vermittelt sind, sondern die vielmehr isoliert in seinem Gedächtnis auftauchen. Das Erinnerte behält seinen bruchstückhaften Charakter, man glaubt nicht mehr daran, eine Geschichte bzw. die Weltgeschichte zusammenhängend erzählen zu können. Zudem reißen dann die Wirren und Umwälzungen des Ersten Weltkriegs alles Bekannte in Stücke.

Das, was von einem Zeitalter übrigbleibt, schafft keine zusammenhängende Vorstellung von der Epoche mehr, aus der es stammt, selbst wenn diese Epoche, etwa das Mittelalter, für uns Heutige immer noch und immer wieder sehr bedeutend erscheint. An die Stelle gesicherten Wissens treten häufig stereotype Urteile über den Gesamtcharakter der Epoche. Sie sind verankert in alltäglichen Sprech- und Denkgewohnheiten (z. B. ›finsteres Mittelalter‹) oder werden wiederbelebt durch martialisch-kitschige Medien wie *Game of Thrones* und *Herr der Ringe*. Dahinter steht die unbegründete Annahme, es habe sich um eine statische Epoche gehandelt, in der sich die gedachte Weltordnung, die menschlichen Mentalitäten usw. kaum verändert hätten.

Rein literarisch betrachtet kann es von Vorteil sein, es mit Bruchstücken und kurzen Textabschnitten zu tun zu haben. Sie sind handlicher, lassen sich schneller schreiben, konzentrieren sich aufs Wesentliche und lassen sich einfacher anordnen, wenn sie zu einem großen Ganzen verbunden werden sollen.

Wer sich heute seine persönliche Vergangenheit vergegenwärtigen will, macht dabei üblicherweise von einer Vielzahl externer Medien des Erinnerns Gebrauch. Nicht nur das Gedächtnis an sich wird angestrengt, sondern man blättert auch unwillkürlich in schriftlichen Aufzeichnungen, alten Tagebüchern, schaut sich Photografien von damals an, nimmt Souvenirs aus dem Urlaub und andere Erinnerungsstücke erneut zur Hand. Autobiographische Texte *inszenieren* mithilfe dieser Medien den Erinnerungsvorgang. Das gilt nicht nur für Promi-Biographien, sondern auch für die eigenen, privaten Memoiren. Das liegt daran, dass es durch eine wie auch immer geartete ›Inszenierung‹ möglich wird, eine Art Zusammenhang zwischen den einzelnen Bruchstücken herzustellen. Beispielsweise können sie durch eine Art Motto für bestimmte Lebensabschnitte verbunden werden.

Übung 6

Ein Motto für Mutti, eine Parole für Papi – ein Leitsatz fürs Leben

Welches Motto würdest du über die einzelnen Abschnitte deines Lebens stellen? Formuliere Slogans in der Art von

- *Neugierig bis zum Kaputtlachen*
- *Altklug auf Abwegen*
- *Pickelkönig mit Pferdejob*
- *Best of Bauarbeiter*
- *Immer noch kindisch*
- *Familie günstig abzugeben*
- *Freiheit mit vierzig*
- ...

Nach den Weltkriegen und in der Zeit des wirtschaftlichen Aufschwungs kam der Gegensatz von Privatleben und Öffentlichkeit nochmals zum Tragen. Während des Nationalsozialismus waren die Sphären gleichgeschaltet, eine private Meinung konnte gefährlich, sogar lebensgefährlich werden, was zu Hause geschah und gesagt wurde, ging den Staat an. Mit der Studenten- und Sexrevolution in den 1960er Jahren entwickelte sich auch die Frauenbewegung, die eine Bewegung der Verweigerung von Hausarbeit war, also der Abschiebung in die Privatsphäre. Gerade durch diese Verweigerung erklärten Frauen Hausarbeit überhaupt erst zur Arbeit, die Mühe macht, von der aber andere profitieren. Das ist interessant deshalb, weil, wie ich dargestellt habe, im 19. Jahrhundert Arbeit ja noch als etwas definiert wurde, das außer Haus stattfindet, und im Mittelalter sogar gerade als eine Bewegung nach draußen, als Individualisierungs- und Emanzipierungsprozess von der heimischen Werkstatt, angesehen wurde.

Selbstverständlich hatte die Frauenbewegung noch weitere Ziele und es kamen andere ›Movements‹ in den 1960ern, 70ern und frühen 80ern hinzu, das Gay Rights Movement erreichte Europa, eine Anti-Atomkraft-Bewegung etablierte sich, man protestierte gegen den Abtreibungsparagraphen 218 usw. Auch hier ging es um eine Art Initiation, d. h. um die soziale Anerkennung von Individuen in der Gemeinschaft. Insofern haben solche politischen Ereignisse viel mit einer persönlichen biographischen Rückschau zu tun. Es müssen nicht immer die großen Protestbewegungen gewesen sein, aber hier und da war jede/r einzelne von uns schon einmal Teil von etwas.

Ich war dabei!

Übung 7

Hast du schon mal dabei mitgeholfen, dass der Verbindungsweg zwischen zwei Nachbarschaften renoviert wurde? Hast du dagegen protestiert, dass der einzige Briefkasten in deinem Dorf abgebaut werden sollte? Hast du dich mal in einer lokalen Theatergruppe engagiert, um zu zeigen, dass es auch in deinem Stadtteil Kultur gibt und nicht nur im Zentrum? Dir fallen sicher ganz eigene Beispiele ein. Mach eine kleine Liste oder nimm dir einen konkreten Punkt, um ihn auf höchstens einer Seite zu beschreiben. Benutze dabei möglichst einfache, klare Sätze ohne weitschweifige Nebenerklärungen.

4 Ziele

Du hast es bemerkt: Der Kurs hat mit den verschiedenen Übungen, denen du dich bereits gestellt hast, längst begonnen. Du hast gelernt, dass Kreativität ein Prozess ist, der sich nicht aus einer einzigen Frage ergibt (»Wie war mein Leben?«), sondern aus einer Kombination der Antworten auf ganz verschiedene Fragestellungen. Denn es geht hier ja nicht um ein Formular, wie man es bei einer Stellenbewerbung abgeben würde, sondern darum, etwas ›schön‹ (im weitesten Sinne), spannend und lebendig nachzuerzählen. Dabei müssen wir uns zwei wichtige Fragen stellen:

1. Für wen schreibe ich mein Leben auf? Wer ist mein Publikum?
2. Wie unterteile ich meinen Lebensbericht in einzelne Abschnitte?

Photo: Thomas Max Müller. Quelle: pixelio.de

Dass leicht das Gefühl entsteht, man brauchte ein zweites Leben, um das erste aufschreiben zu können, ist ein Gemeinplatz, den aber bereits das vorige Kapitel, die *Kurze Geschichte des (auto-)biographischen Schreibens*, schon nicht bestätigen konnte. Selbst wenn die Tendenz immer mehr dahin ging, persönliche und intime Befindlichkeiten aufzuschreiben, haben die Selbstbiographen auf der anderen Seite Dinge ausgelassen, die ihnen nicht so wichtig erschienen.

Wenn Samuel Pepys lustvoll gesteht, dass »ich meine Neigung zum Vergnügen immer noch nicht unter Kontrolle habe und meinen Geschäften dadurch schade«, ist das eine weite Öffnung und gleichzeitig ein Zusammenschnurren der individuellen Konstitution. »Musik und Frauen kann ich nicht widerstehen, wie dringend auch meine Geschäfte sein mögen.«[16] Vor allem ist es ein krasser Gegensatz zu dem, was zur gleichen Zeit um ihn herum geschieht: London brennt, die Pest wütet – und in einem kleinen Nest namens Woolsthorpe-by-Colsterworth, in das sich Isaac Newton

[16] Pepys: Tagebuch, 09.03.1666.

(1642–1727) zurückgezogen hat, löst sich ein Apfel von seinem Trieb, um die klassische Mechanik in Gang zu setzen: Newton macht sich Gedanken über Gravitation, die Bewegung der Himmelskörper und die Aerodynamik.

Was bei Pepys noch Berechtigung hatte, weil es an der Schwelle zwischen einer zugeknöpften, regulierten Gedankenwelt und einer aufgeklärten, aufs Rationale bedachten Gesellschaft entstand, kann bei modernen Literaten nur noch als abgeschmackt wahrgenommen werden: Zu Thomas Manns (1875–1955) Tagebüchern schreibt der Rezensent, sie seien »beharrlich im Kleinen, ohne souverän das Ganze zu überschauen«.[17] Fritz J. Raddatz findet die Selbstentblößung des Hypochonders Mann sogar ziemlich »grausig« und »schauerlich«.[18] Was soll man auch davon halten, wenn der erste Eintrag 1951 z. B. lautet: »Kalte Nacht. Sonne. Leibesverstimmung und nervöse Erschütterung.« Oder am 6. März 1951: »Seit Wochen vollständiges und ungewohntes Versagen der geschl. Potenz.« Verändert es den Blick auf einen Weltliteraten? Man kann behaupten, solche Notizen seien ohnehin nicht für die Öffentlichkeit bestimmt. In Wahrheit planen viele Autoren die zumindest posthume Publikation aber durchaus ein. Bertolt Brechts *Arbeitsjournal* beispielsweise enthält schon kaum noch Persönliches, sondern vornehmlich aufs öffentliche Leben bezogene Einträge. Für einen Bericht im Sinne einer Lebenserinnerung muss viel mehr gerafft, zusammengefasst und ausgewählt werden.

[17] Wirtz, Thomas: Weltkomfort mit beheizter Geschichte. Thomas Mann und das späte Leid der Tagebücher. In: Frankfurter Allgemeine Zeitung vom 11.12.1999.

[18] Raddatz, Fritz J.: Nein, es ist kein großes Volk. Thomas Mann und die Deutschen: Das *Tagebuch 1944–46*, Briefe und Reden aus dem Exil. In: Die Zeit vom 20.02.1987, S. 54.

Historischer Zollstock von »Metermorphosen«

Aktuelles Beispiel für eine gelungene biographische Unterteilung ist Wolfgang Popps *Mein Leben*. Kriegskind, Mitglied im Windsbacher Knabenchor, Friedensaktivist, Professor für eine pazifistische Deutschdidaktik und Inhaber des ersten Lehrstuhls zum Fachthema Homosexualität & Literatur, war Popp (1935–2017) nicht nur Zeitzeuge wichtiger politischer Entwicklungen der BRD, sondern auch Wegbereiter von Aktivisten und Multiplikatoren ganz unterschiedlicher Ausrichtung sowie mutmachendes Vorbild für viele, denen es schwerfiel, ihre Meinung zu äußern oder zu sich selbst zu stehen.

Die Rückschau ist unterteilt in Kapitel zu *Kindheit und Jugend*, *Studium und erste Berufstätigkeit*, *Eigene Familie und Privatleben* usw. ›Eigene‹ Familie heißt, dass das Kapitel über *Kindheit und Jugend* zunächst mit einer anderen, nämlich der Herkunftsfamilie beginnt. Die Abschnitte, in denen Popp seinen Stammbaum referiert (»Mein Vater war Sohn eines Briefträgers und einer Hebamme. [...] Meine Eltern erkannten die Folgen der Nürnberger Gesetze und der Aufrüstung jedenfalls im Jahr 1935 nicht.«), sind jeweils nicht länger als zehn bis fünfzehn Zeilen. *Der Vater* erhält dann weitere drei zusammenfassende Seiten, die seine Abwesenheit im Krieg beklagen, eine allgemeine Einschätzung Popps zu seiner *Kindheit* braucht nicht länger als anderthalb Seiten. Man staunt über die Knappheit, ohne das Gefühl zu gewinnen, der Autor habe Wesentliches ausgelassen oder verschwiegen. Im Gegenteil, er widmet zusätzlichen Raum lieber Bereichen wie *Zwangsarbeiter* oder *Anderssein*, also Themen, die man nicht unbedingt erwartet. Popp ist es wichtig, sich mit Verschwiegenem oder Verdrängtem auseinanderzusetzen, sich in einem eigenen Tonfall zu fragen, was aus Vera wurde, die im Lager vor dem Dorf lebte und in der Familie Popp den Haushalt unterstützte. ›Anderssein‹ wiederum ist eine Kategorie, die sich nicht nur auf die erst spät selbst eingestandene Homosexualität des Autors bezieht, sondern auf die Beziehungen zu anderen Jugendlichen allgemein, auf die Liebe zu Büchern und Bach – für die Freunde das Rinnsal, in dem sie kleine Dämme bauen, für den jungen Popp ein Komponist mitreißender Melodieverläufe. Man liest diese Autobiographie gerne, weil eben genau diese eher ungewöhnlichen Kapitelüberschriften das Interesse wecken und in Verbindung mit der Knappheit der Erzählung den Lesefluss am Laufen halten, statt ihn durch zu große Detailverliebtheit aufzuhalten. Die Übungen des vorliegenden Werkbuchs wollen in diesem Sinne Hilfestellung geben: Spannende Überschriften zu einzelnen Erlebnissen zu finden, Abseitiges und vielleicht längst Vergessenes wieder hervorzuholen, zu erinnern, und dadurch herauszuarbeiten, was das Besondere an *deinem* Leben war und ist, und eine Antwort darauf zu finden, ob du über dein Leben in der Rückschau schreiben möchtest oder aus einer rückschauenden Zusammenfassung einen Plan für die Zukunft entwerfen willst.

Die Schwestern der Mutter

Hella, die Älteste der Schwestern der Mutter, war Sängerin, ihr äußeres Merkmal, das uns Kinder stets amüsierte, war, dass sie während des Singens immer ihren gewaltigen Busen mit beiden Händen hochhob und wog. Während die Mutter eher mager, knöchrig und verhärmt wirkte, war sie bequem, blasshäutig und gepflegt, den Haushalt und die Küche gern ihrem behinderten Mann überlassend.

Tante Gull war diejenige, die uns als Jugendliche ernst nahm und manche Widersprüche zwischen der elterlichen und unserer Meinung aufzuklären und zu besänftigen wusste. Sie hatte einen großen Schatz an Schallplatten, bei ihr hörte ich zum ersten Mal sämtliche Beethoven-Symphonien und manch andere klassische Musik. Sie war im Dorf sehr beliebt, fast ein Original. Sie sang in Vaters gemischten Chor mit ihrer dunklen, verrauchten Stimme, wie die Mutter, im Tenor mit, weil da immer Mangel an Männerstimmen war.

Tante Martha (Märthel) war in Karlsruhe Pfarrfrau, ich war ihr Patensohn und deshalb oft in der Familie in Karlsruhe zu Besuch. Dort erlebte ich in frühen Jahren ein Großstadtleben und eine Stadtkultur, die ganz anders war als die enge Welt in unserem Dorf. Ich fuhr mit der Straßenbahn quer durch die Stadt und kam aus dem Staunen nicht mehr heraus. Tante Märthel führte mich erstmals in Opern und Konzerte. Sie hieß unter uns Kindern auch „Tante Streng" und das war sie in gewissem Sinne auch: Sie unterwies mich, wie man richtig Zähne putzt und sich anzieht, dass man im Waschbecken keine Haare hinterlässt und im Sitzen pinkelt, wie man sich bei Tisch benimmt, kurz ich bekam als Kind schon alles von ihr beigebracht, was die hohen Diplomaten später im aufgehenden Adenauerstaat bei Frau Pappritz mühsam erlernen mussten. Aber sie war herzensgut.

Die jüngste der Schwestern war Annabeth (Doti), unsere absolute Lieblingstante. Sie fiel aus der bürgerlichen Rolle ihrer Schwestern, sie verbündete sich mit den Kindern, wich irgendwie immer wieder von den Regeln und Gepflogenheiten der übrigen Erwachsenen ab, obwohl sie sich zugleich nach Außen scheinbar angepasst verhielt. Wenn die anderen uns Kindern etwas verboten, dann erlaubte es Doti, immer unter höchster Geheimhaltung. Wenn die Erwachsenen sagten, Süßigkeiten sind schädlich für die Zähne, dann gab uns Doti heimlich besonders delikate, wenn die Erwachsenen sagten, Kinder müssen ins Bett, dann ließ uns Doti extra lang aufbleiben. Sie lebte im Haus ihrer Eltern, unseren Großeltern, bis diese starben, führte ihren Haushalt und fuhr den Doktorgroßvater in seinem hohen Alter über Land zu Patientenbesuchen. Bei ihr zählte allein das Herz. Sie verliebte sich nach mehreren gescheiterten Verlobungen als gestandene Frau in den um viele Jahre älteren holländischen Dirigenten und Klavierspieler Henk, der in Deutschland lebte. Doti heiratete ihn nur wenige Jahre vor seinem Tod. Danach wurde sie wunderlich und schwer krank und starb bald in einem Altenheim.

Aus: Popp, Wolfgang: Mein Leben. Germanist, Pazifist, schwul. Siegen: universi verlag, 2023, S. 92.

4.1 Rückschau

Über die Zeiten hinweg hat sich die Selbstbetrachtung entwickelt vom Gedenken Verstorbener und Heiliger über politische Zwecke hin zur religiösen Rechtfertigung im Mittelalter und der Selbstentblößung in der Moderne. Je mehr man über Körper, Geist und das Funktionieren des Gedächtnisses herausgefunden hat, desto fragmentierter erschienen die Erinnerungen und desto bruchstückhafter die Lebensberichte. Heutzutage kann kein Mensch mehr annehmen, ein Leben ließe sich komplett und in allen Details nachvollziehen. Auch deshalb muss man die Frage konkretisieren:

Aus welchem Grund möchte ich überhaupt aus meinem Leben berichten?

Die Antworten auf diese Frage können vielfältig sein. Der eine möchte sich selbst bestätigen oder vergewissern: Habe ich ein gutes, erfülltes Leben gehabt? Habe ich alles richtig gemacht? Manchmal geht es dabei auch um eine Art Heilung, nämlich um die Verarbeitung von schmerzhaften oder traumatischen Erlebnissen. Denn Schreiben hat, das merken wir besonders beim Tagebuchschreiben, ganz oft auch eine therapeutische Wirkung.

Die andere wiederum möchte ihren Nachkommen – seien es Kinder oder eine Community – etwas hinterlassen: schöne Erinnerungen oder wichtige Einsichten, eventuell auch den Erfahrungsbericht von der Bewältigung einer großen Herausforderung. Die Gemeinschaft kann daraus etwas lernen oder sich inspirieren lassen zu eigenen Taten. Erfolgsgeschichten Prominenter fallen genauso unter diese Kategorie wie die Aufzeichnungen einer Privatperson, die eine schwere Krankheit überwunden hat, oder von Menschen, die Zeugen bedeutender Ereignisse wurden. Manchmal geht es auch darum, die eigene Seite einer bekannten Geschichte darzustellen oder Missverständnisse zu korrigieren, die im Umlauf sind.

All das kann Einfluss darauf haben, *wie* man eine Lebensgeschichte – oder einen Teil daraus – erzählt. Daher solltest du dir vor dem Schreiben immer wieder Zeit nehmen zu überlegen, für wen du schreibst und welche Lebensereignisse, prägenden Erfahrungen usw. du in deinen Text aufnehmen möchtest.

Wichtig ist dabei, dass du einerseits ehrlich mit dir selbst umgehst, dir andererseits aber nicht selbst schadest oder wehtust. Wenn du deinen Text nicht nur für dich selbst schreibst, sondern ihn später jemandem zeigen möchtest, sollte er so gestaltet sein, dass weder du noch dein Leser verhaftet, vom Partner verlassen oder sonstwie angegriffen werden kann. Außerdem solltest du selbst ein wenig Abstand zum fertigen Text gewinnen, sodass auch schmerzhafte Erinnerungen alte Wunden nicht von neuem aufreißen. Zudem musst du bedenken, dass deine Erinnerungen an vergangene Ereignisse möglicherweise nicht immer zu 100 % genau und verlässlich sind.

4.2 Vorausschau

Ein wichtiges Ziel auf die Frage nach dem Beweggrund, autobiographisch zu schreiben, haben wir noch gar nicht konkret benannt: die Zukunft!

Der Blick nach vorn schließt in den meisten Lebenssituationen fast automatisch an einen Blick in die Vergangenheit an. Bislang war hier von der Autobiographie nur in der Rückschau die Rede. Dabei besteht ja nicht nur am Ende eines Lebens Anlass, sich einmal über bestimmte Themen und Erlebnisse Gedanken zu machen. Die Rede ist nicht von irgendwelchen Stars und Sternchen, deren mit Anfang dreißig herausgegebebe ›Lebenserinnerungen‹ von Altklugheit nur so strotzen. Vielmehr sind jene Momente gemeint, in denen das Leben eine Wendung erfährt oder erfahren soll. Das kann eine (überwundene) schwere Krankheit, eine Midlife Crisis oder schlicht ein Umzug und eine neue Arbeitsstelle sein. Zeiten also, zu denen man sich unsicher fühlt oder entscheiden muss, wie es weitergehen soll:

1. Wie gestaltet sich meine Beziehung zu bestimmten Menschen derzeit – und wie könnte oder sollte sie in Zukunft funktionieren?
2. Was macht mich als Person eigentlich aus? Was kann ich und was habe ich bereits geleistet? Wie sehen andere mich und wie würde ich mich selbst gerne sehen?

Schlicht ausgedrückt: Worum geht es mir im Leben? Da solche großen und allgemeinen Fragen aber nur sehr schwer zu beantworten sind, empfiehlt es sich, einfach einmal Formulierungen auszuprobieren nach dem Motto: Es ist ja nur ein Text, nur Fantasie und Spielerei. Kreatives biographisches Schreiben macht ähnlich einer systemischen Aufstellung, Schwierigkeiten, die aus Beziehungen zu anderen Menschen entstehen, formulierbar und dadurch handhabbar. Selbst große Unternehmen beschäftigen oft eine Kreativgruppe, die nach neuen Ideen für Produkte, Arbeitsplatzgestaltung oder Firmenführung Ausschau halten. Völlig übertriebene Vorschläge, wilde Wünsche und verrückte Einfälle sind auch in diesen seriösen Unternehmen gern gesehen. Denn wer von vornherein nur fragt, was machbar ist oder was ein bestimmtes Budget erlaubt, tritt auf der Stelle. Daher lautete auch eine der ersten Übungen, sich selbst einmal als Heilige oder Heldin vorzustellen. In die Zukunft gerichtetes autobiographisches Schreiben ist immer auch ein ›Was wäre, wenn?‹-Spiel.

Photo: Michaela Murphy. Quelle: Unsplash

Wir wollen versuchen, dieses Spiel mit den verschiedenen Schreibübungen ein wenig ›anzuspielen‹ ohne der drückenden Verpflichtung zu erliegen, etwas Ganzes oder Komplettes fertigstellen zu müssen. **Dieses Werkbuch kann dir Impulse geben**, über dich und dein Leben nachzudenken, aber es kann dir natürlich nichts *vor*-schreiben. Leben und Leben schreiben musst du selbst ... Und wenn man nicht zu viel auf einmal will, fällt es auch leichter, nicht bei Adam & Eva zu beginnen, sondern irgendwo mittendrin einzusteigen, vielleicht sogar an der interessantesten Stelle. Denn eins ist ja klar: Das tägliche Marmeladenbrot ist völlig uninteressant, es wird in keiner Erzählung vorkommen, außer es fällt vom Teller auf die Marmeladenseite oder man beißt sich an einem Kern in der Kirschkonfitüre einen Zahn aus. Erst hier, erst jetzt beginnt eine Geschichte!

Ich wünsche dir also viel Spaß und etwas Mut beim Ausprobieren!

Photo: Sammie Chaffin. Quelle: Unsplash

5 Wege

Es kann sein, dass du bei den Übungen auf Erinnerungen stößt, die unangenehm sind oder sogar schmerzhaft. Du sollst dich nicht quälen, allerdings wirst du dir gerade *dieses* Werkbuch bewusst vorgenommen haben, um ›etwas in Angriff zu nehmen‹! Schreiben kann therapeutisch wirken – was dich aber zu sehr triggert, solltest du evtl. mit einem Experten oder einer Expertin besprechen.

Grundsätzlich bedeutet kreative Selbstgestaltung das **Entdecken eigener Ausdrucksformen und das Etablieren von Selbstbestimmung**. Der autobiographische Scharfblick, den der Selbstdeuter unter Beweis stellt, kann eine Kehrseite haben: die Sündhaftigkeit seines Tuns vor Gott (oder jemand anderem, vor dem man das Gefühl hat, sich rechtfertigen zu müssen) zu erkennen. Die Lösung des Knotens besteht nicht darin, fertige Resultate in zeitlich korrekter Reihung festzuhalten, sondern sich selbst und dem Leser Unfertiges zuzumuten, auch Erfundenes mitzuteilen oder zumindest zeitliche Abläufe zu raffen. Selbst, wenn man seinen Lebensweg chronologisch abwandert, muss man auswählen: An welchen Stationen mache ich Halt, welche Punkte waren mir insgesamt wichtig oder sind es für meinen aktuellen Zweck?

CRAUSS. **ABER ES HEILT.**

3 starke stämme, wilder wuchs.
aufwachen aus schlummer
und träumen. nebenan, in der
küche besuch. der grossvater
duftet nach waffeln und tabak.

5 in der sonne stehen, im blätter
geflirr. ein mann auf der wiese.
mittagshitze. grillen. frühe lust.

8 fahrradfahren. aussichten. an
blicke. perspektiven, aber keine
ziele. kleine fluchten, sandhügel.
eine fotografie; ein gebogenes kind.

12 urlaub am meer, der geruch des
hotels. schlick, sand und pommes;
gedämpftes gleiten auf teppich.
florphase. geil, mann!

13 kirmes, komische gefühle, flieh
kraft im bauch und sticker
statt kicker. der vater, verärgert,
quarzt hektisch. aber was
weiss ein halbteenager schon!

15 keine photographien mehr, aber
feiern. das samstagsparfüm aus
gelassener parties; schwimmen
in scham. schauen und shows.
pimmel kann man nicht trinken.

16 dichtes gestrüpp und gedichte,
mauern aus emotionsdraht, trial
and error: tanzkurse, küsse, die
weich sind, aber falsch schmecken.
poetische öffnung vor persönlicher.

ich bin verliebt in peter wemuth. martin
weiss das. martin will aber nur schlafen
und keine beziehung. darf man soetwas
denn? *ich* werde nicht heiraten.

17 das tropische klima reisst. es entsteht
eiskälte. im park findest du tiere, nicht
menschen.

19 wissen ist flucht. abitur, kneipe, ein kerl.
berlin, prenzlauer berg neunzehn neunzig.

20 lange fahrten in einem sonnengelben
käfer aus der dämmerung heraus
in den morgen. diese stadt ist ein segen
und voller empfindlichkeit, wenn man sie
braucht.

27 studieren, ja ———
denn das leben ist eine konstruktion
vor sich hin faulender stammhalter, pflöcke,
mit eisenriemen gehalten.

eine beziehung, die beruhigt, bestand
hat, sich aber nicht bewegt, ist was?

30 nein, ich habe keine krise. ich bin nur
zu dumm: was ist erfolg? etwas
abzuschliessen; es zu beenden?

da steht eine bank, aber ich kann mich nicht
setzen.

onno und max. das ist kein haus, es ist
eine bande, die sich dehnt, was gut ist.
und reisst.

32 immernoch wunde.

37 der zweitälteste beruf – den ältesten
zu besingen nämlich – ist eine arbeit,
aber es ist kein brot, wenn man hungert.

ich geh mal was trinken. pinte um pinte,
einfache bekanntschaften.

39 noch geht es mir gut, denk ich.
es geht mir beschissen.

was ist deine beste eigenschaft?
ich komme nicht drauf.

40 bin ich jetzt alt? auf jeden fall
bin ich verliebt.

42 die liebe ist ein scheiss,
hör ich mich fluchen.

brücken ins nichts.
neue wunden.
ich werde da sein für dich.

45 älter, fetter, aber begehrt. besser
denn je. wenn du dir bloss mal den bart …

46 es ist kompliziert, aber es heilt. manchmal
flirrt es wie früher.

die liebe des lebens; was ist das schon. leben
und leidenschaft. neue fänge. abzweigungen.
not.

Den Lebensweg wandern

Übung 8

Eine Übung, die ich hier nur empfehlen, aber schlecht vormachen kann, ist ein Spaziergang: Begib dich auf eine kleine Wanderung und suche dir dabei einen Haltepunkt in Sichtweite aus, z. B. einen markanten Baum oder ein Bauwerk. Bei diesem stoppst du und überlegst, welches ein wichtiger, markanter Punkt in deinem Leben war oder sein soll. Nachdem du so äußerlich und in Gedanken innegehalten hast, gehst du langsam weiter und suchst dir erneut eine markante Station für deinen nächsten, bereits in Sichtweite befindlichen Halt aus.

Ein Text, der bei einer solchen Gelegenheit entstand, ist *ABER ES HEILT*. Ich habe mir zunächst überlegt, was meine frühesten Erinnerungen sind, folglich beginnt das Gedicht bei 3. Danach ging es Schritt für Schritt weiter zum nächstwichtigen Alter: Mit 13 hatte ich Fliehkraft im Bauch, mit 30 eine Krise usw. Alles an dem Text ist wahr, aber manches ist so verknappt aufgeschrieben, dass es erdichtet wirkt. Na und?

5.1 Die Dinge

Beginnen wir einfach mal in der Gegenwart und schauen uns um. Wir schleppen nämlich nicht nur Meinungen, Werte und Haltungen mit uns herum, sondern ganz schlicht auch Dinge, die etwas über uns aussagen. Wenn wir eine uns unbekannte Wohnung betreten, schauen wir uns unwillkürlich um: Wie ist der Gastgeber eingerichtet? Kauft er ebenfalls bei Ikea ein? Welche Bücher stehen im Regal? Was sticht ins Auge, was fehlt mir, damit ich mich in der fremden Wohnung so richtig wohlfühlen kann?

Natürlich kannst du dich daraufhin einmal in deinen eigenen vier Wänden umschauen: Wie bist du eingerichtet? Was ist das älteste Möbelstück, das du besitzt? Was sagen deine Freunde über die vielen kleinen, nutzlosen ›Stehrümchen‹ auf deinem Regal?

Wenn du magst, mach dir Notizen außer der Reihe dazu. Wir fangen hier zunächst etwas kleiner an und betrachten einen Gegenstand, der zu Hause meist auf der Kommode liegt, den du aber auch unterwegs dabei hast: Dein Portemonnaie.

Räum deine Brieftasche auf

Übung 9

Egal, ob du es Portemonnaie nennst, Geldbörse oder -sack, ob du eine Clutch hast oder einen Clip – die meisten von uns schleppen viel zu viel unnötigen Kram in ihrer Brieftasche mit sich herum: alte Fahrscheine, Jugendsportausweise, Stempelkarten, Bonusmarken, Bilder längst Verflossener und einiges mehr. Stell dir für diese Übung vor, ein Detektiv müsste anhand deines Portemonnaie-Inhalts rekonstruieren, wer du bist und was du in letzter Zeit so gemacht hast. Was würde er herausfinden?

- Räume deine Brieftasche nach und nach *komplett* aus. Nimm dir Zeit und achte nicht nur auf die ungewöhnlichen Belege, sondern schau dir ruhig auch deinen Ausweis oder Führerschein noch einmal genauer an.
- Schreibe in Berichtsform nach dem Muster: »Person Rudi bevorzugt Brot aus der Bäckerei Mahlzahn und hat seine Bonuskarte fast voll. Außergewöhnlicherweise findet sich auf dem neuesten Kassenzettel vom Supermarkt ein Posten Erdnüsse. Rudi scheint nicht allergisch zu sein.«
- Wenn du mit klaren Aussagen nicht weiterkommst oder ein Kassenbeleg schon so verblichen ist, dass du kaum noch etwas darauf erkennst, improvisiere und erfinde! Schließlich musst du deinem ›Auftraggeber‹ ja als Detektiv einen Anlass geben, dich weiter zu beschäftigen ...

Ähnliche Detailblicke kannst du selbstverständlich auch auf dein Bücher- oder Plattenregal richten. Alternativ zum Portemonnaie funktioniert auch ein Aus- und Aufräumen der Handtasche ganz gut. Oft kommen Dinge zum Vorschein, die man schon ewig gesucht hat. Und wer weiß, vielleicht findet sich noch ein Zettelchen mit einer Telefonnummer, die dir mal jemand zugesteckt hat ...

Photo: Ika Dam. Quelle: Unsplash.

Übung 10

Meine Lieblinge, meine ~~Hasstiere~~ Haustiere

Schau in dein Regal und notiere neben den Gegenständen, zu denen du dir Gedanken machst, *weshalb* sie da stehen. Welche Mitbringsel stammen aus einem Urlaub, welches war mal ein Partygeschenk oder eine Kleinigkeit von Tante Else und könnte vielleicht auch weg? Überlege, welche Sachen dir absolut wichtig sind und deinen Alltag verschönern oder leichter machen, auch wenn sie ihren Platz in einer Schublade haben.

- Welches sind deine Lieblingsalben? Welche Musik hast du in welcher Lebensphase gehört? Welche Bücher würdest du auf eine einsame Insel mitnehmen?
- Ohne welche praktischen Kleinigkeiten kannst du nicht auskommen? Ist es vielleicht die Wärmflasche, ein Daunenkissen oder dein Taschenkalender?
- Wo hast du schon überall Urlaub gemacht?
- Haustiere, Autos, Dates, Unfälle ... Was lief schief, was war besonders?
- Welches ist dein größter Schatz? Und wie groß ist er wirklich?

Die Dinge, die dich umgeben, erzählen eine Geschichte, sie erzählen etwas über dich und deinen Alltag. Ob ein Besucher sich gespannt in deiner Wohnung umschaut, weil du ganz anders eingerichtet bist als er, oder ob du selbst hin und wieder beim Hausputz umdekorierst: Es gibt ganz viele Gegenstände, die uns nicht direkt nützlich sind, die jedoch persönliche und für Außenstehende oft unerklärliche Erinnerungen wachrufen an eine bestimmte Zeit oder eine bestimmte Person. (Die nicht so schönen Erinnerungen verbergen wir eher, als dass wir sie auf dem Sideboard platzieren).

Parallel zu den Dingen, die uns einzelne Episoden unseres Lebens vergegenwärtigen, gibt es auch Gegenstände, die sich durch unsere Vita durchziehen und anhand derer wir ganze Phasen nacherzählen können. Das sind beispielsweise Sachen, die mit unseren Hobbies zu tun haben (Wanderstöcke, Sportpokale, Briefmarken, Kameras), oder solche, die wir im Alltag gebrauchen: Handtaschen, Hüte, Handys usw. Tillmann Severin hat beispielsweise eine lyrische Liste anhand der Abfolge aller Mobiltelefone verfasst, die er zwischen 2000 und 2020 besessen hat. Dabei zählt er nicht bloß die Marken und Modelle auf, sondern auch, welche Besonderheit sie hatten und von wem er das Gerät bekam bzw. mit wem er eine bestimmte Handy-Erinnerung verbindet.

Photo: Jithin Vijayamohanan. Quelle: Unsplash.

Tillmann Severin: handys 20–22[19]

[19] Severin, Tillmann: Museum der aussterbenden Mittelschicht. Berlin: Verlagshaus Berlin, 2022, S. 86–89.

Hüte, Handys, Haarspangen

Welche Gegenstände fallen dir ein, die dich im Leben begleiten? Du kannst es so wie Tillmann Severin mit seinen Handys oder ich mit meinen Tassen probieren, du kannst aber auch langsam durch deine Wohnung gehen und überlegen, was deine treuesten Begleiter sind. Gibt es ein bestimmtes Möbel, das du schon ewig besitzt? Welche Kaffeetasse erzählt eine Geschichte? Gibt es Hosen und Hemden, die dir vielleicht gar nicht mehr passen, die du wegen einer bestimmten Erinnerung aber noch aufbewahrst?

Mach zunächst eine Stichwortliste, in der du neben dem Gegenstand die Begebenheit kurz notierst. Danach kannst du die Notizen nochmals durchgehen und ggf. auch miteinander verbinden.

- Gepunktete Emailtasse von M., der sie aus einer früheren Beziehung mitbrachte. Ich trinke ausschließlich Milch daraus.
- Tasse mit Landschaft. War das ein Geschenk? Lieblingstasse, schon seit 20 Jahren. Toi, toi!
- Gelbe Tassen. Fand ich schick, sind aber viel zu leicht und halten nicht warm. Spontankauf.
- Blauer Napf. Für Suppen zu klein. Ausschließlich für Bouillon, aber nur, wenn mir wirklich kalt ist und ich mich kränklich fühle.
- Blaue Suppentassen. Hässliches Muster, deshalb mag S. sie nicht, vielleicht auch, weil sie von seiner Schwester sind. Ich liebe sie aber, weil ich S. liebe. Neulich ist eine in der Mikrowelle zerplatzt ...

5.2 Die Selbstgespräche

Es ist im Übrigen ganz schwer, *nicht* biographisch zu schreiben. Denn du kannst ja selbst beim Erfinden einer Geschichte nur aus deiner eigenen Fantasie und aus deinen eigenen Erfahrungen und Erinnerungen schöpfen. Stets beziehst du dich auf etwas, das du kennst oder von dem du zumindest gehört oder gelesen hast. »Das Ich ist eine sehr bewegliche Angelegenheit«, zitiert Alexander Graeff Eileen Myles in seinem Essay über die Schwierigkeit, eine queere Person in einer heteronormativen Kulturbranche zu sein:

> Mein Ich war mittlerweile 43 Jahre alt. Ich hatte ein Studium hinter mich gebracht, eine Promotion (wer hätte das gedacht), meinen ersten Flug (nach Rom) mit 28 und sogar ein paar Flüge in nichteuropäische Länder unternommen. Die erste Auster mit 34. Mit 36 Schwanensee in der Deutschen Oper, dicht gefolgt von der Zauberflöte. Ich bin ein bildungsbürgerlicher Spätzünder. Und ich war Schriftsteller geworden, schrieb nun neben Essays auch erzählende Prosa und Lyrik. Doch Schreiben war das eine, die kritische Arbeit mit Sprache das andere. Auch das geschah bei mir spät. Ich hatte nicht nur sprechen und schreiben gelernt, sondern auch, dass ich die Verwirrungen gar nicht zu bekämpfen brauchte. Das war befreiend.[20]

[20] Graeff, Alexander: Queer. Edition Poeticon #17. Berlin: Verlagshaus Berlin, 2022, S. 12.

Graeff lernt, mit den inneren und äußeren Widersprüchen, die ein Leben zwangsläufig mit sich bringt, in Einklang zu kommen. Dazu hat er sich selbst befragt. Zunächst überlegt er, welche bildungsbürgerlichen Normen er erfüllt hat, hält sich mit einer Wertung zurück (Ist es förderlich oder nicht, wenn man spätestens als Mittdreißiger einmal eine Oper gesehen hat?) und vergleicht das Erreichte mit den Wünschen, die er in sich spürt. Wie jeder andere möchte er ›dazugehören‹. Von außen äußert sich das Bedürfnis, ihn ›dabeihaben‹ zu wollen, durch »Kontrollfragen«:

> Die Kontrolle wird in Familien, am Arbeitsplatz oder bei großbürgerlichen Abendessen im Kreise junger Literaturmenschen meistens durch Fragen wirksam. Fragen, die auf eine voreingestellte Biografie verweisen, vermeintliche Selbstverständlichkeiten evozieren und damit soziale Ausgrenzungsmechanismen salonfähig machen (Hat der überhaupt Bildung?).
> Diese Kontrollfragen sichern im sozialen Miteinander wiederum bestimmte Normen und Konventionen. Personen, die nicht ins normative Gepräge passen, die queer sind, müssen sich durch sie einer Art Inspektion stellen. Für jede Abweichung schwingt in der Frage bereits eine kollektive Kategorie mit, eine Schublade, in die die Person einsortiert werden muss.[21]

[21] Graeff: Queer, S. 21.

Die angedeuteten Selbstzweifel kennen wir alle – auch diejenigen unter uns, die nicht beabsichtigen, eine Autobiographie zu schreiben. Die größte Schwierigkeit dabei ist, dass wir die Unsicherheiten unserer Mitmenschen selten zu sehen oder zu spüren bekommen und denken, wir seien die einzigen, denen es so schwerfällt, erfolgreich zu sein, Freunde zu finden oder mal auf den Putz zu hauen. Dabei ist es überhaupt nicht schlecht, mit sich selbst im Gespräch zu sein und es ein Leben lang zu bleiben. Biographisches Arbeiten heißt, sich selbst unter die Lupe zu nehmen.

Manchmal gelingt das noch besser, wenn man in Gedanken bewusst einen Schritt zurücktritt, ein wenig Abstand zu sich selbst gewinnt und sich als fremde Person betrachtet. Man kann sich selbst als Figur sehen oder als guten Bekannten.

Willkommen im Ich

Übung 12

Unternimm einen kleinen Spaziergang oder mach Besorgungen. Bevor du nach Hause kommst, stell dir vor, du besuchst diesen guten Bekannten, mit dem du mal besser, mal weniger gut auskommst. Schließ die Tür auf und nimm, was du siehst, riechst und hörst, einmal ganz bewusst wahr. Tritt sehr langsam in die Wohnung ein, schau in aller Ruhe in jedes einzelne Zimmer und spüre dem Gefühl nach, das du dabei hast. Empfängt dich ein eher wohliger Geruch, ein muffiger oder ein neutraler? Ist es dir unangenehm, in dem (gespielt) ›fremden‹ Schlafzimmer für einige Momente zu verweilen? Fällt dir auf, wie viel Kram herumsteht? Ist es angenehm, wie deine Hand über die Kommode gleitet?

Photo: Luke Caddy. Quelle: Unsplash.

Diese Übung kann eine reinigende Wirkung haben, einerseits in dem Sinne, dass du dich neu anfreundest mit der Umgebung, in der du so viel Zeit verbringst (das geht natürlich nicht nur mit der eigenen Wohnung, sondern etwa auch mit dem Arbeitsplatz), oder dass du dir sagst: ›Früher habe ich mich hier wohlgefühlt, heute nicht mehr.‹ Dann kannst du dich fragen, woran das liegt und wie du die Empfindung bessern kannst. Reinigend aber unter Umständen auch, um einen Impuls zu bekommen, einmal wieder ›aufzuräumen im Leben‹, also ganz handfest Dinge zu entfernen, die dir im Wege sind. Dazu gehören auch Erinnerungsstücke an ehemals Geliebte, wenn du merkst, dass die Erinnerungen zwar wichtig sind, dich aber doch auch belasten. Das bewusste Hereinkommen kannst du genauso gut mit deinen sozialen Medien ausprobieren. Facebook, Instagram usw. sind ja für viele von uns eine Art zweites Zuhause. Ähnlich funktioniert das Aufräumen von Kontaktlisten im Handy. Wem habe ich seit Jahren nicht geschrieben? Bleibt es dabei oder rufe ich mich bei der Person einmal wieder in Erinnerung? Wie wichtig ist mir dieser oder jener Kontakt? Was passiert, wenn ich die Nummer lösche?

Das Leben an sich und insbesondere Familie, Beziehung und Beruf haben dir viele Pflichten auferlegt und tun dies teilweise immer noch. Deshalb ist es wichtig, sich nicht zusätzlich unter Druck setzen zu lassen, sich ab und zu Zeit für sich selbst zu nehmen und zu tun, was einem Spaß bereitet. Wenn du Sport hasst, solltest du nicht ins Fitnessstudio hetzen, weil *Brigitte* oder irgendein *Playboy* das von dir fordern. Auch musst du dich nicht jeden Tag oder jeden Abend verabreden, wenn du gar keine Lust dazu hast und einfach mal Zeit für dich selbst brauchst.

Übung 13

Wieder mal Zeit, aufzuräumen im Leben

Beantworte dir selbst folgende Fragen, die einerseits Szenen und Situationen aus der Vergangenheit beleuchten, gleichzeitig aber als Wegweiser für die Zukunft dienen können. Die Fragen sind zwar relativ allgemein gehalten, trotzdem darfst du sie ganz konkret beantworten, evtl. mit einem Beispiel oder einem Wunsch.

- Was ist dir wirklich wichtig – allgemein im menschlichen Miteinander oder in deinem persönlichen Umfeld?
- Was macht dir Spaß, worauf möchtest du nicht verzichten? Das kann ein Gegenstand sein, die beste Anschaffung der letzten Jahre, etwas Praktisches oder etwas, das dir einfach gut gefällt. Es kann auch etwas sein, das du erreicht hast, eine bestimmte Lebensqualität, die du nicht mehr missen möchtest – oder eine Person.
- Was raubt dir Energie? Zu welchen Veranstaltungen oder Verabredungen gehst du nur widerwillig? Das kann die Begegnung mit einzelnen Menschen beinhalten oder etwa die Verpflichtung aus einer Vereinsmitgliedschaft.

Es geht dabei nicht allein ums Aufräumen, sondern um die Achtsamkeit, die man sich und seiner Umgebung entgegenbringt. Und hierzu eignen sich Fragen viel besser als Anweisungen, die meist von außen kommen. Die Erinnerung und das autobiographische Gedächtnis sind laut Georg Mischs *Geschichte der Autobiographie* (1907) kein statisches Gebilde, sondern unterziehen das Gewesene einer ständigen Revision. Die autobiographische Erinnerung verfährt nach zusammensetzenden Prinzipien: Das Gewesene wird nicht einfach reproduziert, sondern seine Bedeutung wird aus der Sicht der Gegenwart eingeschätzt. Deshalb erinnern wir uns nur an die für uns im Moment wichtigen Ereignisse. Das hat aber zur Folge, dass zwischen den Erinnerungen Lücken entstehen. Da der Mensch stets versucht, Zusammenhänge zwischen einzelnen Erlebnissen herzustellen bzw. ständig einen aufeinander aufbauenden Sinn in ihnen sehen will, besitzt Erinnern fast natürlicherweise eine narrative Form. Das heißt, dass jeder Mensch versucht, lose Erinnerungen so zu erzählen, als gehörten sie zusammen und als würden sie in einer bestimmten (spontanen) Reihenfolge eine Begründung für die aktuelle Situation des Erzählenden ergeben.

Das war lange Zeit ein Problem der Geschichtswissenschaften, denen man nicht mehr geglaubt hat, dass Geschichte sich ganz automatisch (gelenkt durch einzelne hervorstechende Persönlichkeiten) entfaltet. Der Beobachter bringt in die wissenschaftlichen Erkenntnisse zudem immer auch seine eigenen, ganz persönlichen Gefühle und Erfahrungen ein. Das gilt auch für uns, wenn wir versuchen, uns selbst zu beschreiben: Wir sind sehr dicht an uns selbst ›dran‹, weshalb die objektive Einschätzung (›Ich gehe manchmal sehr nassforsch auf Leute zu‹) oft mit einer emotionalen Einschätzung einhergeht (›So fühle ich mich weniger unsicher in der Gemeinschaft‹).

Die zweite Tendenz, die sich aus der Erkenntnis entwickelte, dass nicht nur die ›großen Herren‹ Geschichte geschrieben, sondern auch die ›kleinen Leute‹ daran beteiligt waren, führte zu einer Wissenschaft, die Fragen stellt. Bertolt Brecht bringt es 1935 auf einen poetischen Punkt:[22]

[22] Brecht, Bertolt: Fragen eines lesenden Arbeiters. In: Werke, Bd. 12: Gedichte 2. Sammlungen 1938–1956. Große kommentierte Berliner und Frankfurter Ausgabe. Hg. v. Werner Hecht, Jan Knopf u. a. Frankfurt a.M.: Suhrkamp, 1988, S. 29.

»Lesender Arbeiter«

Fragen eines lesenden Arbeiters

Wer baute das siebentorige Theben?
In den Büchern stehen die Namen von Königen.
Haben die Könige die Felsbrocken herbeigeschleppt?
Und das mehrmals zerstörte Babylon,
Wer baute es so viele Male auf? In welchen Häusern
Des goldstrahlenden Lima wohnten die Bauleute?
Wohin gingen an dem Abend, wo die chinesische Mauer fertig war,
Die Maurer? Das große Rom
Ist voll von Triumphbögen. Über wen
Triumphierten die Cäsaren? Hatte das vielbesungene Byzanz
Nur Paläste für seine Bewohner? Selbst in dem sagenhaften Atlantis
Brüllten doch in der Nacht, wo das Meer es verschlang,
Die Ersaufenden nach ihren Sklaven.
Der junge Alexander eroberte Indien.
Er allein?
Cäsar schlug die Gallier.
Hatte er nicht wenigstens einen Koch bei sich?
Philipp von Spanien weinte, als seine Flotte
Untergegangen war. Weinte sonst niemand?
Friedrich der Zweite siegte im Siebenjährigen Krieg. Wer
Siegte außer ihm?
Jede Seite ein Sieg.
Wer kochte den Siegesschmaus?
Alle zehn Jahre ein großer Mann.
Wer bezahlte die Spesen?
So viele Berichte,
So viele Fragen.

In der *Oral History* wurden seit den 1970er Jahren Interviews wichtig, zunächst mit Zeitzeugen des Holocaust, danach auch mit Menschen, die bei anderen historischen Ereignissen eine Rolle spielten oder am Rande dabei waren. Jeder von uns weiß schließlich noch, wo er war oder was gerade in seinem eigenen Leben passierte, als die Berliner Mauer fiel oder Flugzeuge ins World Trade Center stürzten. Und jeder von uns kann seine eigene Geschichte dazu erzählen.

Aber fangen wir klein an und überlegen, analog zu der Übung mit den Lieblingsdingen weiter oben, was uns sonst noch ausmacht. Denn genauso machen es die Forscher, wenn sie jemanden vor sich haben, der etwas Aufregendes erlebt hat. Das überwältigende Erlebnis kommt nicht gleich zu Anfang zur Sprache, sondern der Interviewer arbeitet darauf hin, umreißt zunächst mit einigen Fragen die befragte Person, bevor er sich dem Eigentlichen nähert.

Wünsche, Werte, Wesen

Übung 14

Die Fragen, die ich dir stelle, kannst du gerne beliebig erweitern. Um zusätzliche Fragestellungen zu finden, stell dir am besten wieder vor, es ginge nicht um dich selbst, sondern um einen Bekannten. So fällt es dir leichter, auf Ideen zu kommen. Beantworte die Fragen diesmal nicht zu knapp, versuche aber gleichzeitig, keine Geschichte zu erzählen, sondern einfach Auskunft über dein Leben zu geben.

- Welche Berufe oder Tätigkeiten hast du bisher ausgeübt? Wirst du deine jetzige Arbeit beibehalten oder willst du noch einmal etwas anderes ausprobieren?
- Welchen Traum würdest du dir erfüllen, wenn du keine Geldsorgen hättest? Gibt es eine Reise, die du gerne machen würdest, eine Anschaffung, die du dir bisher verkniffen hast, oder träumst du von etwas, das man nicht kaufen kann?
- Wie entwickelten sich Freundschaften mit den Menschen in deinem Leben? Gibt es eine bestimmte Freundschaft, die Jahre brauchte, um sich zu entwickeln, oder ging es immer schnell und spontan? Wie schätzt du qualitative Unterschiede deiner Freundschaften ein? Was macht dich zu einem guten Freund? Gibt es eine Freundschaft, von der du nie gedacht hättest, dass sie zustande kommt?
- Wovor fürchtest du dich am meisten? Was wäre das größte Unglück, das dir passieren könnte?
- Welche Verhaltensweisen sind dir generell wichtig bei anderen Menschen? Auf was legst du Wert bei dir selbst? Womit kann sich jemand bei dir sofort in die Nesseln setzen?

Manchmal braucht es einen mehr oder weniger zufälligen Impuls, sich weitere Fragen zu stellen, weil man diejenigen, die einem einfallen, vielleicht für zu simpel oder zu weitschweifend hält (und man dabei gleich eine fast fertige Geschichte im Kopf hat, die den Druck erzeugt, unbedingt etwas aufs Papier bringen zu müssen).

Sogenannte Story Cubes können eine Möglichkeit sein, Fragen zu finden. Die Idee ist schlicht, aber effektiv: Man wirft ein paar der mit Comicbildchen versehenen Würfel und überlegt sich, was einem zu den obenliegenden Symbolen als erstes einfällt. Welche Erinnerung wird aktiviert, woran muss ich spontan bei diesem oder jenem Bild denken, welche Geschichte von früher, welches Erlebnis fällt mir ein? Mein Nachbar hat sich bei diesem einen Würfel, auf dem ich selbst Erdnüsse oder Steine gesehen hätte, daran erinnert, wie es war, als Kind bei der Kartoffelernte helfen zu müssen und dass er losgeschickt wurde, kleine Kartoffelsäcke zu verkaufen, weil nicht alle Leute im Dorf ein eigenes Feld besaßen.

Die Story Cubes gibt es in Spielzeugläden oder online, meist im Neunerpack und zu unterschiedlichen Themenbereichen (Reisen, Mythen, Thriller, Jubel, Medizin, Weltraum usw.). Wenn man sie hintereinanderlegt, kann man komplett wilde Geschichten fürs Kreative Schreiben entwickeln. Bei der Biographiearbeit ist es produktiver, nicht mit zu vielen Cubes zu würfeln (drei reichen aus, denn jeder Würfel hat ja bereits sechs Symbole) und sich zunächst auf einen einzigen zu konzentrieren.

Auf den nächsten Seiten zeige ich dir einige weitere zufällig ausgewählte Symbole. Wenn du gerade selbst keine Story Cubes zur Hand hast, kannst du dir hier bereits Anregungen holen. Fragen, die ich mir nach dem Würfeln gestellt habe, fasse ich in der nächsten Übung zusammen.

Knobelfragen

Übung 15

- Wann habe ich es schon mal einem, der größer und stärker war als ich, so richtig gezeigt?
- Was macht mich so richtig wütend (regelmäßig oder ausnahmsweise)?
- Was würde ich in eine Tasche packen für einen Trip in die Vergangenheit?
- Wann bin ich mal zu einem glanzvollen Dinner ausgeführt worden?
- Wen würde ich gerne bestrafen, wenn ich dürfte? (Auch meine dunkle Seite zählt beim Erinnern!)
- Was war mein spannendstes, gefährlichstes oder enttäuschendstes Drogenerlebnis?

Etwas konkreter gehen die Talk-Boxes vor, die ebenfalls zu unterschiedlichen Themen- oder auch Altersbereichen erhältlich sind (Familie, Freunde, Parties, Kollegen, Glauben, Wahrheit, Beziehung). Was in einer kleineren Runde Impulse zu guten Gesprächen geben soll, funktioniert fürs Biographische Schreiben genauso.

Karten aus Talk-Boxes (Neukirchener Verlagsgesellschaft)

Übung 16

Sprich mit dir!

Hier sind weitere Fragen, die ich für ein Selbstgespräch vor allem für die Älteren unter uns spannend finde. Du kannst wiederum versuchen, mit einer nicht zu umfangreichen kleinen Erzählung zu antworten. Nimm dir Zeit, konzentriere dich aufs Wesentliche, aber lasse deine Gefühle und Sehnsüchte ruhig zu!

- Sage einen Abzählreim aus deiner Kindheit auf.
- Diese Geschichte wird in meiner Familie immer wieder erzählt.
- Secondhandläden sind für mich ...
- Die drei wichtigsten politischen Ereignisse während meines Lebens waren für mich ...
- Beten ist für mich ...
- Diesen Einrichtungsgegenstand aus meinen ersten vier Wänden habe ich heute noch.

Die Übungen, die du in diesem Kapitel bisher gemacht hast, sind **Anleitungen zur Selbstbefragung**. Bestimmte sympathische oder auch kritische Muster kann man auf diese Weise herausdestillieren. Eventuell handelt es sich dabei um Verhaltensweisen, die dich als Persönlichkeit ausmachen, oder um solche, die du in Zukunft ändern möchtest. Deshalb ist es wertvoll, wenn du dir mithilfe der Selbstinterviews bewusst wirst, wie du in bestimmten Situationen agierst. Insbesondere wenn du die Übung mit dem Ziel der Konfliktbewältigung machst, kannst du beobachten, welches dein bevorzugtes Schema ist: Läufst du eher davon, erstarrst du oder gehst du den Konflikt beherzt an? Jede dieser Reaktionen hat natürlich unterschiedliche Auswirkungen.

Lebensgeschichtliche Interviews, wie sie die Oral History seit Ende der 1960er Jahre durchführt, können also bestimmte soziorelevante Knotenpunkte und biostrukturelle Muster sichtbar machen und auch dadurch über Einzelnes (die Erinnerungen eines Individuums) ein Ganzes (das Verhalten einer größeren Gruppe) darstellen. Über die Nähe zwischen Beobachter und Beobachtetem kann ein solches Interview zudem einen besseren Blick auch auf Sub- oder Nebenkulturen ermöglichen, etwa die Punk-Bewegung, das Gastarbeitermilieu oder die Sexarbeiter auf der Reeperbahn.

Da man sich nie an *alles* erinnern kann, muss man die Lücken füllen. Je ausgiebiger und lustvoller man das tut, desto näher kommt man dem Erfinden einer Vergangenheit, die es so nie gegeben hat. Leben und Fiktion verbinden sich. Du kennst das: Wenn du dir Photos anschaust, auf denen du als kleines Kind zu sehen bist, kannst du dich an den Moment selbst in aller Regel nicht mehr erinnern. Er ist dir einzig durch das Bild und eventuell durch Geschichten bekannt, die dir deine Eltern und andere Verwandte erzählt haben.

Eine Art Oral-History-Interview ist einmal beim Schreiben eines Romans über die Industrie- und Arbeiterstadt Fadoborn entstanden. Ich wollte meine Protagonistin, Maria Milz, besser zu fassen kriegen. Eine Seniorin, der in der Altenresidenz zu langweilig wird und die deshalb eine Karriere als DJane beginnt, ist gar nicht so unwahrscheinlich. Die heute 60-Jährigen sind schließlich u. a. mit Diskomusik und Synthesizern aufgewachsen. Ich wollte Mamy Rock, wie sie sich als Pop-Ikone nennt, aber nicht einfach einer Personenbeschreibung unterziehen – sie sollte sich selbst einschätzen und aus ihrem Leben erzählen. Also habe ich ihr Fragen gestellt, wie ein Reporter der Musikmagazine *Groove, De:Bug* oder *Tonspion* sie stellen würde. Mamy Rock erzählt dabei frei von der Leber weg. Man lernt aber nicht nur etwas über sie selbst, sondern auch über ihre Vergangenheit und das Milieu, aus dem sie stammt.

Photo: Zakariae Lahkim. Quelle: Unsplash.

Ausschnitt aus: DAS ADLERNEST AM HUDSON (II):

ROSEN, ROST UND ROHER SCHINKEN – EINE CLUBGESCHICHTE

»wir haben damals unsere umgebung in musik transformiert«, schwärmt DJ Tanzate in einem interview, und Mamy Rock, die, so kritiker, auf den bass erst aufsprang, als er schon längst wummerte, schliesst sich ihm im dubstepmagazin *bravo* an: »wir haben damals unsere umgebung in musik transformiert. der proxi club war unser stammlokal. wenn wir mal aus dem heim rausmussten, sind wir ins proxi gegangen. ich ging eigentlich jeden donnerstag hin. nur männer brachte ich nicht mehr so viele nach hause, das wurde mir zu anstrengend. auch waren viele von denen ja andersrum und interessierten sich garnicht für uns langzeitadoleszente.«

Mamy lächelt verschmitzt, denn das nicht allen *bravo*-leserinnen geläufige fremdwort meint, dass sie und ihre altenheimfreundinnen bereits um die siebzig oder älter waren.

»mit zwei oder drei one-night-stands in der woche habe ich mich lange genug um die eigene achse gedreht und meine befindlichkeiten bis in den letzten winkel ausgeleuchtet. auch die finsteren räume irgendwo im dritten kellergeschoss und tiefer.«

Tanzate, freund in der not, hilft über den selten melancholischen anflug der DJane weiter: »es war immer die geschichte der letzten, gerade erlebten nacht. dabei war es zunächst garnicht so sehr wichtig, ob das nun so wahnsinnig treffend gelang. es war mehr ein gemeinsames lallen, eine art wortmusik. Mamy war, als ich sie kennenlernte, ja noch garnicht Mamy, sondern Maria Milz, die mit ihren greisen freundinnen einen draufmachte und es den altenheimbetreibern so richtig zeigte.«

die geschichte einer jugend, die nicht enden wollte und sich deshalb über sich selbst hinauskatapultierte in eine unerwartete pop-karriere. kaum ein erinnerungsbuch der menschen, die in jener zeit auf Mamy trafen, kommt ohne die erwähnung der langen nächte aus, die von übereinandergeschichteten soundspuren und rudimentären breakbeat-loops oder wuchtigen hiphop-beats getragen wurden. verlorene stimmfragmente geisterten auf und in ihnen herum, von denen man nicht wusste, ob sie aus den boxen oder aus den weiter hinten gelegenen nischen drangen.

wie war fadoborn damals im vergleich zu heute? furchteinflöszend, auch gefährlich, erinnern sich einige. der äussere schein jedoch trügt, heute zumindest. trotz der relativ wenigen lichter, die man hier in der gegend sieht. die lastwagen, die unter den bögen der hochstrasse parken, sind in der dunkelheit ruhig schlafende tiere. manchmal leuchtschriften in der nacht, eine brise mit ihren scharfschattigen grenzen. und an den tagen, an denen kein programm ist, nur leere und mitternachtsromantik. und schritte in der dunkelheit.

noch einmal Mamy: »man kann ganz wahllos eine gerade aktuelle zeitschrift für elektronische oder urbane musik aufschlagen und findet solche beschreibungen. das, was wir schon vor zwanzig jahren machten, fühlten, wollten, das, was diejenigen, die vor uns da waren wollten, wiederholt sich ja stets aufs neue.«

aber es wird nicht schlechter?

»anders eben. die stile, die moden ändern sich, aber der bass bleibt. das heisst, was als grundlage dient, eine atmosphäre, ein gemeinsames gefühl, das gefühl, etwas unternehmen zu müssen oder zu wollen, bleibt gleich.«

Genauso oder ähnlich kannst du dich als Romancharakter verstehen und interviewen. Wenn du magst, kannst du auch ein Familienmitglied oder eine Freundin bitten, dich zu interviewen. Das hat den Vorteil, dass einer fremden Person auch Fragen einfallen, die dir selbst nie in den Sinn kämen. Auch hier gilt: Je ehrlicher du antwortest, desto spannender werden die Fragen sein, die dir gestellt werden – und desto interessanter am Ende auch das Ergebnis.

Übung 17

Zeitzeugeninterview

Setzt euch bequem hin und nehmt euch Zeit für das Gespräch. Die Küche kann ein guter Ort sein, der Erinnerungen wachruft, es kann aber auch ein Raum sein, in dem man auf Dauer krumm sitzt oder sich zu erwartungsvoll nach vorne beugt.

Erzähle deinem Interviewer von wichtigen Lebensentscheidungen und was dich dazu bewogen hat, sie zu treffen. Gehe dabei aber nicht gleich in die Vollen, sondern fang bei einer Kleinigkeit an, einem Gegenstand, einem nebensächlichen Ereignis: Welches Wetter war am Tag, an dem das Bedeutende geschah? Wie hattest du in der Nacht zuvor geschlafen? Lass Fragen zu! Dein Interviewpartner soll nachhaken dürfen und ruhig auch eine eigene Haltung zu dem äußern, was du erzählst. Wenn es bei dem Treffen nur um deine persönlichen Erlebnisse geht, wird dein Gegenüber schon nicht zu viel Eigenes beisteuern. Seid ihr aber z. B. gleich alt oder kommt aus der gleichen Gegend, wird sich eher ein Ping-Pong-Interview ergeben, bei dem beide gleichberechtigt erzählen und sich erinnern dürfen.

Unter Umständen genügt es, miteinander zu sprechen, und du schreibst, was dir von dem Gespräch im Gedächtnis bleibt, später zusammenfassend auf. Gegebenenfalls, bei Detailschilderungen, weitschweifigen Themen usw., kann es sinnvoll sein, das Interview mit dem Handy oder einem anderen Gerät aufzuzeichnen, sodass du es nachher in aller Ruhe noch einmal anhören und die wichtigsten Teile davon aufschreiben kannst. Wenn es dir darum geht, deinen Nachkommen etwas zu hinterlassen, mag eine Audiodatei zudem eine schöne Sache sein, die du mitsamt einer Widmung aufbewahren und sogar verschenken kannst.

Wenn die Lebensgeschichte in die Schriftform gebracht wird, ist die eigentliche Arbeit der Selbstdarstellung bereits geleistet – aber nicht die schwierigste. Erinnert werden nur die bedeutenden Erlebnisse, das Unbedeutende wird vergessen. **Gerade die eher unbedeutenden Erinnerungen machen aber einen fühlenden Menschen aus.** Dass wir alle nach sozialer Anerkennung streben, wird bei Veränderungen im Leben deutlich, etwa bei Initiationsritualen wie der Taufe, einer Mutprobe oder der Feier der Volljährigkeit und des erlangten Führerscheins. Auch durch bestimmte Bezeichnungen, die wir mit uns tragen – Namen, die uns Eltern, Freunde, Geliebte oder Feinde geben –, erkennen wir Zugehörigkeit oder Ablehnung. Was uns abseits bestimmter Wendepunkte jedoch ausmacht, sind die kleineren Dinge des Lebens, oft Nebensächlichkeiten, an denen wir hängen, Unachtsamkeiten, die uns treffen, Komplimente, die uns leiten – sämtlich unbedeutend für die Weltgeschichte, bedeutsam einzig für uns selbst. Und genau daran lässt sich festmachen, wie individuell wertvoll jedes Leben ist, wie aufschreibenswert eben nicht nur die großen Taten, sondern auch die kleinen Gedanken sind. Wie wertvoll für diejenigen, die uns besser kennenlernen sollen, für uns selbst und für diejenigen, die nach uns kommen.

In der verlängerten Lebensgeschichte reicht als Beispiel später der Hinweis auf einen dieser Gegenstände, auf eins der Rituale, denen eine Initiationsleistung innewohnte. Auch typische Wesensarten müssen nicht in aller Ausführlichkeit wiederholt werden, wenn man einmal ein prägnantes Beispiel gefunden hat. Was man in der Kommunikation untereinander unbedingt vermeiden sollte, kann bei der Selbstcharakterisierung durchaus hilfreich sein: ›*Nie* trägst du den Müll runter‹ oder ›*Immer*, wenn du gebadet hast, bleibt die Wanne voller Haare zurück‹. Solche Sätze wirken mitunter tödlich auf Beziehungen und kommen natürlich nicht nur im Privaten vor, sondern etwa auch auf der Arbeit, im Verein oder in der Nachbarschaft. Der Nachbar vergisst *ständig*, die Tonne zurückzustellen. Die Kollegin singt *andauernd* laut vor sich hin. Kritik sollte man möglichst positiv üben, wertschätzend und mit einem Vorschlag, wie es für alle besser geht; man soll nicht verallgemeinern, sondern stets die konkrete Situation in den Blick nehmen.

Anders in der Autobiographie: Meist ziehen sich Einstellungen, Verhaltensweisen und Werte durchs Leben, verändern sich nur allmählich und abhängig von einer gewissen Gelassenheit oder Gleichgültigkeit, die sich beim Älterwerden einstellt – es sei denn, man erlebt einen krassen Einschnitt ins Leben, eine Katastrophe, eine Krankheit, die einen über das Leben nachdenken lässt, oder einen Wechsel in eine fremde Kultur, in der man sich anders verhalten muss, als man es bislang gewohnt ist.

Tasty Tom, Red Riot und die Goldene Königin

Übung 18

Überleg dir für dich selbst typische Reaktionen auf bestimmte Ereignisse oder Aussagen anderer Menschen. Baue Sätze, die beginnen mit:

Immer, wenn ich ...
Auf keinen Fall würde ich ...
Niemals habe ich ...
Nie wieder würde ich ...

Welche dieser Reaktionen oder Verhaltensweisen hast du bereits geändert oder möchtest du gerne verändern?

Im zweiten Teil der Aufgabe kannst du dir Alternativen überlegen. Nimm eines der Beispiele, die du notiert hast, und formuliere es um:

Das nächste Mal, wenn ich ..., nehme ich mir einen Moment Zeit, um ...
Auch wenn ich sonst ..., könnte ich demnächst ja ausnahmsweise einmal ...

Hab keine Scheu, auch scheinbar simple Beispiele zu verwenden, etwa: ›Eigentlich mag ich keine Tomaten, bei der nächsten Party könnte ich aber mal die kleinen, besonders süßen Cherrytomaten probieren.‹ Denn meist kommt es eher auf die kleinen Dinge an als auf große Gesten:

Erst, als mir jemand zeigte, dass man Tomaten auch mit Senf genießen kann, bin ich auf den Geschmack gekommen.

Kommen wir noch einmal zurück zu den Namen. Anders als der private Vorname, den wir in der Regel gleich nach der Geburt von unseren Eltern oder Erziehungsberechtigten erhalten, ergibt sich die Bezeichnung der Familienzugehörigkeit aus rechtlichen Zusammenhängen. Früher ergaben sich Nach- oder Zunamen aus dem Beruf (Meier, Körber, Schmidt), dem Ort (Johannes Butzbach, Leonardo da Vinci, Herman van Veen) oder aus einer hervorstechenden Eigenschaft (Klein, Lang, Stelzhahn). Im Zuge der Anerkennung identitärer Diversität lohnt sich heutzutage ein erneutes Nachdenken über das Namensrecht, nicht nur im Hinblick auf die Angleichung bei Inter- und Transpersonen. In Amerika lässt sich der Name leichter ändern als in Deutschland, in einigen südostasiatischen Ländern ist es üblich, nur einen einzigen Namen zu tragen – das kennt man hierzulande eigentlich nur aus dem Kloster (Bruder Johannes): Hier haben wir es, ähnlich wie bei Künstlernamen, mit einer Selbstbenennung zu tun.

Zusätzlich erhalten wir aber von Familie und Freunden Kosenamen, von Dörflern Hausnamen (in meinem Heimatdorf wurde die Familie, die Fußbekleidung verkaufte und reparierte, nicht mit ihrem Nachnamen Müller gerufen, sondern Schuster) und von Geliebten Tiernamen.

Gib mir Namen

Übung 19

Schreibe alle Kosenamen auf, die du bisher bekommen hast. Erinnere dich, in welchem Zusammenhang sie entstanden und von wem sie dir verliehen wurden. Du kannst Stichworte machen oder die Umstände ausführlicher erläutern, wenn eine Geschichte dahintersteckt. Überlege,

- welche der Namen dir gefallen haben und welche nicht. Hast du dich gar gegen eine Bezeichnung gewehrt?
- welchen Beinamen du heute noch trägst oder welcher sich aus dem privaten ins öffentliche Umfeld verbreitet hat.

5.3 Die Rolle meines Lebens

»Jeder Mensch erfindet sich früher oder später eine Geschichte, die er für sein Leben hält«,[23] schreibt Max Frisch 1964 in seinem Roman *Mein Name sei Gantenbein*, einer Reflexion über Identität und Rollen, so verschachtelt wie das Leben selbst. Das bedeutet, eine Biographie ist mehr als nur der bisherige Lebenslauf.

[23] Frisch, Max: Mein Name sei Gantenbein. Roman. Frankfurt a.M.: Suhrkamp, 1964, S. 55.

Biographisch schreiben bedeutet auch, sich selbst (neu) zu erfinden, konkret: aus dir selbst eine Figur zu machen. Zumindest wenn jemand anderes deinen Lebensbericht liest, wird er das ähnlich machen, als nähme er sich einen Roman vor, vielleicht im Lesesessel, eventuell in der Bahn, auf jeden Fall wird er eine ›Story‹ lesen – die Geschichte deines Lebens. Wir gehen sogar selbst so vor, wenn wir beispielsweise Photos aus unserer frühen Kindheit betrachten. Kaum, dass wir uns daran selbst noch erinnern können, aber oft wissen wir trotzdem sehr genau um die Situation, in der der Schnappschuss entstand – weil uns jemand, die Eltern z. B., die Geschichte hinter dem Bild erzählt hat.

Photo: Denise Jans. Quelle: Unsplash.

EINE MUSIK

süsslicher sonntagnachmittag, schwarzweissromanze, etwas einsames den hang hinauf und dann: ein schatten über der alm, ein waldrandtraum. jetzt wird es klar, es ist ein traum, nur ein traum, nicht zwei, nicht liebende, nur ich. das andere ist verloren, da dringt aus dem schatten etwas. allein, allein, es zieht mich ins finstre hinein. ich geniesse die angst, ich gebe mich hin, der tag ist ein tann und grün meine lust. und ich weiss: da gibt es ein wasser, in dem sich das spiegelt: ein ich, ein ich und die welt vor dem traum finde ich wieder in dem silbernen quell. und alles wird alt zwischen den stämmen und ästen: die schritte, die tiere versteinen, die worte werden ein rauhes halsweh. ich aber bin nacht und narziss, bin weiss und verliebt in ein kind, das ich einmal war. und dann wird es leise und haucht einen atem.

Dieser Text ist eine Mischung aus Erinnerung an einen Spaziergang in der Kindheit und eine Art Traum, dem ich nachhing, als im Radio Arnold Schönbergs *Verklärte Nacht*[24] lief. Auf welche Weise wirst du dich in deine Kindheit zurückversetzen?

[24] *https://v34h.de/schoenberg*

Was über die Musik funktioniert, geht ebenso mit anderen Medien, etwa einem Filmdrehbuch, dessen Autor du allein bist. Wer sonst als du sollte in der Lage sein, ein Lebensdrehbuch zu schreiben? Der ›Film‹ beinhaltet natürlich verschiedene Szenen. Viele der szenischen Fragen werden auch in echten Filmen gestellt. Beispielsweise: ›An welcher Stelle im Leben stehst du gerade?‹ Daraus ergibt sich ein typisches Intro sowohl für Komödien als auch Tragödien. Der (noch unscheinbare) Held spürt, dass er sich an einem Wendepunkt befindet. Wie es der Zufall will, geschieht etwas Unvorhergesehenes, das die Handlung ins Rollen bringt. Unversehens wird aus dem unscheinbaren Peter Parker der Spinnenmann!

Hier einmal als eigenständige Werkbuchübung ein Beispiel für **eine aus Fragen bestehende Szenographie des Films namens *Leben***. Wundere dich nicht, wenn dir einige der Fragen bekannt vorkommen, denn du hast in diesem Werkbuch längst begonnen, an der Geschichte zu feilen! Zuerst aber: Welches Genre wählst du für deinen Film? Wird es ein Roadmovie oder eine Fantasy-Saga?

Szene I:

Wie sieht dein Leben gerade aus? An welcher Stelle im Leben stehst du gerade? Ausbildung fertig und bereit für den Job? Kinder aus dem Haus? Partner oft weg und du allein?
Wie ist deine familiäre, finanzielle und berufliche Situation hier und heute?
Was tust du wirklich gern und was kannst du gut?
Wie sehen deine geistigen, seelischen, körperlichen und durch andere Menschen betätigten Bremsen aus?

In der ersten Szene des Drehbuchs machst du also eine Bestandsaufnahme deines momentanen Lebens. Du kannst dich fragen: Wie ist meine Situation? Warum ist sie so? Bin ich zufrieden? Wenn nein, was kann ich ändern?

Szene II:

In weiter Ferne ... Wie soll der Film enden? Natürlich soll es ein Happy End geben, oder? Wo spielt die letzte Szene? Wer spielt darin mit? Wer teilt deine Freude, wenn du ein bestimmtes Ziel erreicht hast? Wie fühlst du dich am Ende deiner Träume?

Szene III:

Der Weg dahin. Welche Etappen braucht es? Ist es ein Roadmovie? Wie motivierst du dich selbst? Welche Belohnungen warten am Ende des Wegs oder an bestimmten Wegmarken? Wie überwindest du deine Trägheit?

In Szene II und III machst du dir klar, wo die Reise hingehen soll und welchen Weg du zu deinem Ziel wählst. Welche Ziele hast du? Wie kannst du sie erreichen?

Szene IV:

Wie sehen deine Mitspieler aus? Wer übernimmt welche Rolle? Wer ist dein Coach? Wie entwickelst du deine Fähigkeiten? Welche Kontakte helfen dir weiter, welche Menschen behindern dich auf deinem Weg?

Szene V:

Schau auf deinen persönlichen Kompass: Bist du noch auf dem richtigen Weg? Wie könnte eine Zwischenstation aussehen? Wie tankst du auf oder belohnst dich zwischendurch mit einem Snack?

Selbstverständlich musst du in diesem Gedankenspiel nicht aufs Thema Film fixiert sein. Die große Handlung kann auch überfordern. Vielleicht willst du dir nur einzelne Ausschnitte anschauen, vielleicht stehst du mehr auf Kurzfilme oder auf Musikvideos. Es ist genauso gut möglich, statt einem Drehbuch einen Rundgang durch ein Museum oder eine Gemäldegalerie zu konzipieren, wo anhand bestimmter Ausstellungsstücke eine Reihenfolge im Ablauf entsteht. Womöglich reicht es für deine Zwecke aber auch aus, ein Photoalbum durchzublättern oder eines zu imaginieren. Welche Bilder siehst du? Welche fehlen? Deine Vorstellungskraft kannst du leicht durch wirklich existierende Photos und Alben unterstützen.

Das Kind, das ich einmal war

Übung 20

Schau dir ein paar Kinderbilder von dir selbst in einem alten Album oder einer alten Photokiste an und versuche zu beschreiben, was du siehst. Tu so, als ob du die abgebildete Person nicht kennst und nicht um die Umstände der Entstehung des Photos wüsstest (oft genug kommen wir uns ja selbst ganz fremd auf alten Bildern vor). Was siehst du neben oder hinter der Person, wobei hat der Schnappschuss sie erwischt, was ist kurz vorher wohl gewesen oder knapp nach der Aufnahme geschehen?

Wir machen es uns nicht in jedem Augenblick bewusst, aber jeder von uns kennt es: In der Familie verhalten wir uns anders als auf der Arbeit oder im Freundeskreis. Hier sind wir auch im Erwachsenenalter immer noch Sohn oder Tochter, dort machen wir von unserer Führungsverantwortung Gebrauch und woanders sind wir locker, machen Scherze am laufenden Band oder können uns einfach mal zurücklehnen und so sein, ›wie wir wirklich sind‹. Aber wie sind wir denn wirklich? Welche der verschiedenen kleineren und größeren Rollen, die wir täglich einnehmen, ist ›echt‹? Würdest du dich als Mutter beschreiben oder als Bücherwurm? Bist du Managerin oder Chaotin? Wie stellst du dich anderen Leuten auf einer Party vor? Tatsächlich sind wir stets eine Mischung aus all dem.

Ich bin, was ich mache

Übung 21

Überlege zunächst, welche *Funktionen* du im Alltag einnimmst: Hausfrau, Mutter, Angestellte, Minijobberin, Gelegenheitsoma, Ehrenamtlerin, Dorfsprecherin, Chordame ... Danach kannst du aufschreiben, was bei jeder einzelnen Funktion wichtig ist, worauf du achten musst – und wie du das umsetzt. Wie reagierst du, wenn deine Nachbarin schief singt, wenn du vor dem Bürgermeister der Stadt eine Petition durchbringen musst, wenn du im Nebenjob auf dich allein gestellt bist oder schwierige Kundschaft hast? Zuletzt kannst du dir vorstellen, wie ›echt‹ du dich in der jeweiligen Situation fühlst. Wichtig bei dieser Übung ist, die Schritte nacheinander zu gehen – das gewährleistet mehr Klarheit im Ergebnis.

Wie andere mich sehen

Übung 22

Wenn es dir schwerfällt, dich selbst zu charakterisieren, kannst du die vorige Übung auch auf links drehen und zunächst jemanden beschreiben, der dir wichtig ist oder in deinem Leben eine wichtige Rolle gespielt hat. Welche Bedeutung hat diese Person für dich? Vielleicht ist es ja jemand aus einem der Funktionsfelder, die du aufgelistet hast. Umso besser!

Willst du noch weiter gehen? Befördere diese Person doch für eine Weile zum Erzähler: Wie würde sich die Geschichte eines besonderen Ereignisses in deinem Leben (ein großer Gewinn, deine Hochzeit, die Geburt deines Kindes, die erste Hauptrolle im Laientheater …) aus der Perspektive dieser anderen Person anhören?

Lebenswege verlaufen nicht gerade. Das haben wir zu Anfang des Kapitels schon festgestellt und jeder von uns merkt es, wenn mal etwas nicht so klappt, wie man es sich vorgenommen hat. Selbst die Berufsberatungen kommen mittlerweile davon ab, ihren Klienten allzu cleane, begradigte Lebensläufe nahezulegen, ohne Lücken, ohne Fragezeichen hervorrufende Knicke. Und selbst von Arbeitgeberseite werden Wünsche laut nach individuelleren Anschreiben, in denen man eine Persönlichkeit hinter den Floskeln erkennt. »Die Vorstellung, dass der Beruf einen Menschen definiert, scheint tief in unseren Köpfen verwurzelt. Wir wollen von kleinen Kindern wissen, was sie später werden wollen, und fragen Menschen, die wir neu kennenlernen: ›Und was machst du?‹«, fasst es Thorsten Krämer in einem hervorragenden Aufsatz über die Gleichberechtigung verschiedener Daseinsweisen zusammen. Wieso, fragt Krämer sich in *Lob der Teilzeitkunst*, soll man nicht gleichzeitig Schriftsteller *und* Gestalttherapeut sein? Die Fixierung auf den Beruf hat etwas mit Klassismus zu tun: »Wenn ich den Beruf meines Gegenübers kenne, verrät mir das eine Menge über seinen sozialen Status« – aber nicht zwangsläufig darüber, »wie jemand ›eigentlich‹ ist. Krämer fragt sich, ob und inwieweit das überhaupt wichtig ist, »wenn ich doch gerade mit der Person interagiere und sie sich mir mit einer bestimmten Art zeigt«.[25]

[25] Krämer, Thorsten: Lob der Teilzeitkunst. In: Iuditha Balint, Julia Dathe, Kathrin Schadt u. Christoph Wenzel (Hg.): Brotjobs & Literatur. Berlin: Verbrecher Verlag, 2021, S. 105–114, hier S. 106 f.

Photo: Lum3n Quelle: Unsplash

Übung 23

Mein Leben mal anders

In der Vorschau kann man sich überlegen: Wer wäre ich gerne mal? In der Rückschau liegt die Frage nahe: Welchen Beruf hätte ich gerne mal ergriffen? Wie wäre mein Weg verlaufen, wenn ich Bäcker geblieben oder Clown geworden wäre?

Manche Menschen hadern mit ihrem Lebenslauf. Das ist schade, aber verständlich, weil wir bereits in der Schule eingetrichtert bekommen, dass man Zeit verliert und schlecht aussieht, wenn man sich einmal für etwas entschieden hat, das einem dann doch nicht liegt. Wenn ich in meinen Eingliederungsunterrichten heute junge Leute frage, was sie werden wollen, kommt meist eine ziemlich eindimensionale Antwort: »Reich!« »Youtuber!« »Influencer!« »Boss!« – Wie man aber Boss wird, darüber besteht kaum eine Vorstellung. Woran mag das liegen? Es gibt neben der Jugendlichkeit der Befragten natürlich viele, auch individuelle Gründe für die schwache Fantasie von dem, was es heißt, sich auszuprobieren. Oft haben sogar Ältere kaum eine Vorstellung von dem, was ihnen Spaß machen könnte, weil sie entweder selbst zu schüchtern sind, etwas Neues auszuprobieren, oder nicht an das waghalsige Abenteuer herangeführt wurden, mal einen anderen Heimweg zu nehmen, mal in einem anderen Café Rast zu machen, mal nicht allein am Tisch zu sitzen, sondern jemanden zu fragen, ob der Platz da neben ihm noch frei ist. Mal zur Kickbox-Weltmeisterschaft zu gehen, obwohl man sich nicht die Bohne für Sport interessiert (glaubt man), aber die Halle, in der die Wettkämpfe ausgetragen werden, gleich nebenan und der Eintritt frei ist.

Angebliche Fehlläufe in der Vita und Fehlentscheidungen lassen sich auch positiv beschreiben. Das bringt man Leuten bei, die wegen einer Depression, einer nicht bestandenen Prüfung, Schwierigkeiten im Betrieb oder aus anderen Gründen arbeitslos wurden. »Orientierungsphase« heißt es dann (was ja sicher nicht ganz falsch ist), »Auszeit aus privaten Gründen« (nach denen beim Vorstellungsgespräch dennoch gefragt werden wird) oder »Krankheitsphase mit Reha und vollständiger Genesung«. Diese Euphemismen machen stutziger, als wenn man sich klarer ausdrücken würde. Und sie versperren sich gegen ein Bewusstsein, das ohne diskriminierende Festlegungen auskommt und bei dem ohne Wenn und Aber akzeptabel ist, dass jeder Weg anders verläuft – und verlaufen *muss*. Nicht Gleichmacherei, sondern gerade die Unterschiede zeichnen eine freie und diverse Gesellschaft aus.

Sind wir nicht auf einem guten Weg, Konzepte zu entwickeln, die mit reduzierten Arbeitszeiten (Schweden probierte über längere Zeit den Sechs-Stunden-Tag aus), Wiedereinstellung hochqualifizierter Senioren und Home Office bzw. Mobile Office (bei dem einen darf man nur zu Hause, beim anderen auch vom Strand aus arbeiten) die Chancen erhöhen, Quereinsteiger, Belastete und sonst Benachteiligte besser zu integrieren? Auch wer ein Studium oder eine Lehre beginnt und merkt, dass ihm das nicht liegt, sollte ohne schlechtes Gewissen wechseln dürfen. Mein Eindruck: Junge Männer brechen mittendrin ab, während junge Frauen eher bis zum Ende durchhalten und dann erst wechseln, weil sie bereits als Mädchen mehr zum Aus- und Durchhalten erzogen wurden. Nichtsdestotrotz: *Jeder* Lebensweg beinhaltet Kurven, aus denen man fliegen, und Abzweigungen, die man bereuen kann – oder annehmen.

Edeldiva Musterfrau

Übung 24

Nimm dir deinen eigenen Lebenslauf noch einmal vor und notiere ihn in Kurzform. Verwende eher Stichworte statt einer blanken Tabelle. Setze statt der normalen Begriffe übertrieben positive ein, erfinde einzelne Elemente hinzu, gehe spielerisch mit den einfachsten Einträgen um.

Ein Beispiel. Aus ...

Persönliche Informationen	
Name	Hanne E. Musterfrau
Adresse	Musterstraße 123, 45678 Musterstadt
E-Mail	musterfrau@email.com
Berufliche Erfahrung	
2010–2023	Näherin bei Mustermode Schnittkatalog GmbH, Musterstadt
Aufgaben	• Anfertigung maßgeschneiderter Kleidungsstücke • Bedienung von Nähmaschinen und anderen Werkzeugen • Anpassungen und Reparaturen von Kleidung • Umsetzung von Designs nach Kundenwünschen
Ausbildung	
2007–2010	Nähereiausbildung, Berufsschule für Textilverarbeitung, Musterstadt
Fähigkeiten	
	• Professionelle Kenntnisse im Umgang mit verschiedenen Nähmaschinen • Umfassende Kenntnisse in Textilien und Materialien • Präzises Maßnehmen und Anpassungen vornehmen • Kreativität bei der Umsetzung von Designs • Teamarbeit und Kommunikation mit Kunden • Schnelles Arbeiten ohne Qualitätsverlust
Sprachkenntnisse	
Deutsch	Muttersprache
Englisch	Schulkenntnisse
Mandarin	Grundkenntnisse

... wird:

Persönliche Informationen

Name	H. Edeldiva Musterfrau
Adresse	Glanzstraße 1, 54321 Glanzstadt
E-Mail	edeldiva@email.com

Berufliche Erfahrung

2010–2023	Haute Couture Couturier bei Prestige Couture Salon, Glamourstadt
Aufgaben	✳ Meisterliche Schaffung exklusiver Haute Couture ✳ Virtuose Handhabung hochmoderner Nähmaschinen und luxuriöser Materialien ✳ Perfektionierte Anpassungen und Restaurierungen von Designerstücken ✳ Verwirklichung von visionären Designs gemäß den Wünschen der Elitekundschaft

Ausbildung

2007–2009	Glamouröse Nähschule der Königl. Schneidereiakademie, Eleganzstadt Vorzeitiges Abschlussdiplom als Meisterin der Nadelkunst wegen Genialität

Fähigkeiten

- ✳ Virtuose Beherrschung einer umfangreichen Palette von Nähmaschinen aus der High-Fashion-Welt
- ✳ Tiefgreifende Expertise in den feinsten textilen Geweben und erlesensten Materialien
- ✳ Meisterliches Anfertigen millimetergenauer Maße
- ✳ Visionäre Kreativität bei der Verwirklichung opulenter Designerträume
- ✳ Kommunikative Eleganz im Umgang mit exquisiter Kundschaft
- ✳ Fertigstellung atemberaubender Meisterwerke unter dem Druck der Ewigkeit

Sprachkenntnisse

Deutsch	Leidenschaftliche Beherrschung
Englisch	Souveräne passive Verständigung (insbesondere Musik)
Mandarin	Bewusstseinserweiternde Aneignung durch Südfrüchtegenuss & Seidenmalerei

Mit diesem oder einem ähnlichen Lebenslauf bist du bestens gewappnet für die nächste Übung, bei der wir dem jugendlichen Wunsch schon ziemlich nahekommen, einfach reich zu sein und nicht viel dafür tun zu müssen.

Sei glanzvoll, glamourös und glorios!

Übung 25

Bewirb dich auf folgende Stellenanzeige[26] mit einem Anschreiben, in dem du klarstellst, dass du genau die richtige Person für diesen Job bist – wenn nicht sogar diejenige, die vom Millionär begleitet wird, statt ihn zu begleiten. Mach dem Empfänger und damit dir selbst klar, was du wert bist!

Wenn du aus der Selbsterforschung ein Spiel gestalten und gemeinsam mit Freunden etwas über die Wünsche und Wendungen des Lebens herausfinden möchtest, könnt ihr euch eine fröhliche Zeit mit dem guten alten *Stadt, Land, Fluss* machen. Bloß die Kategorien sind jetzt andere ... (S. 63)

26 Vielen Dank an Friederike Rath für das Konzept.

Exklusive Events, Galas, Dinner, Preisverleihungen …

Millionärsbegleitung gesucht!

Ziehen Sie mit Ihrer mysteriösen Aura alle in Ihren Bann,
oder erhellt Ihre Ausstrahlung jeden Raum?
Wenden sich Passanten nach Ihnen um, denn Ihre ganze Präsenz verkörpert Glamour?
Wirkt die Welt im Vergleich mit Ihnen fad und grau?

Dann verweilen Sie nicht länger in diesem Kosmos der Normalität und Mittelmäßigkeit.
Bewerben Sie sich bei uns!

◊ ◊ ◊

Präsentieren Sie sich nicht nur als bloßes Accessoire an der Seite Ihrer Millionär*in,
bringen Sie Ihre eigene, interessante Persönlichkeit ein.
Wir lernen Sie im unverbindlichen, kostenfreien Beratungsgespräch kennen,
und gemeinsam finden wir das perfekte Match.

In unseren regelmäßig stattfindenden Kursen und unserem Einstiegsseminar lernen Sie,
was es zu beachten gilt, wenn man sich in der High Society bewegt.
Denn die Events, zu denen unsere Kunden Sie mitnehmen werden,
erfordern spezielles Wissen, Etikette und folgen ihren ganz eigenen Regeln!

Exklusive Dinnerparties zu Lande und zu Wasser, Preisverleihungen, Galen –
Events, so unterschiedlich wie unsere Klienten.

◊ ◊ ◊

Sind Sie neugierig geworden?

Dann bewerben Sie sich mit Ihrem aussagekräftigen Anschreiben und einem Lebenslauf
direkt online unter

www.milliondollarbaby.de/bewerbung

Die Stellenanzeige zu Übung 25

Übung 26

Leberwurstvergiftung im Hochzeitsland

Die Vorgehensweise ist die gleiche wie beim herkömmlichen *Stadt, Land, Fluss*: Einer sagt »A« und zählt danach leise für sich das Alphabet herunter. Irgendwann sagt der nächste »Stopp!« und der Buchstabe, bei dem der erste hängenbleibt, gibt vor, wie die Begriffe der einzelnen Kategorien beginnen müssen. Das Spiel geht auf Zeit. Wer zuerst in allen Rubriken etwas stehen hat, sagt wiederum »Stopp!« und die anderen dürfen nicht weiterschreiben. Dann wird verglichen. Hat jemand in einer Kategorie keinen Eintrag, gibt's natürlich auch keine Punkte. Wenn zwei das gleiche hingeschrieben haben, bekommt jeder 5 Punkte, und wenn du etwas anderes hast als alle anderen, 10 Punkte. Solltest du der einzige sein, der eine bestimmte Rubrik ausgefüllt hat, erhältst du 15 Punkte. Dann wird zusammengezählt, und es geht mit einem anderen Buchstaben von vorne los.

Das Spaßige daran ist, dass selbstverständlich auch Flunkern und Erfinden erlaubt ist, zumal man nicht immer alles mit dem gleichen Anfangsbuchstaben bezeichnen kann, wie es bei diesem Spiel ja gefordert ist. Man kommt ins Gespräch, gleicht Unsicherheiten mit den anderen ab und hat hoffentlich viel zu lachen.

Selbstverständlich kannst du die Übung auch für dich alleine machen, eventuell wirst du dann noch ehrlicher sein und auch die peinlichen Punkte eher notieren. Statt der Tabelle kannst du dann auch eine einfache Liste verwenden.

Stadt	Traumland	Stärken/gute Eigenschaften	Berufe/Jobs bisher	Trauma/Ängste	Worauf ich stolz bin	Was mir peinlich ist
... in der ich gerne war	... oder Reiseerinnerung	... auch eingebildete Superkräfte!	... egal, ob Langzeitberuf, Aushilfs- oder Traumjob	... von erlebten Katastrophen bis Spinnenphobie und Chaos-Bahnfahrt ist alles erlaubt	... vom Grillking bis zur Flexqueen	... Echtes, Witziges oder beides
Luxemburg	Libanon	Leidensfähigkeit	Lehrer	Leberwurst-vergiftung	Liebesgedichte	Laut lachen im Kino
Hamburg	Hochzeitsland	Hundekuscheln	Handlanger bei Papa	Hundebiss	Hausgemachter Schnaps	Handy an im Konzert

5.4 Wiederbegegnungen

Wie sehen denn nun eigentlich die vielen Bruchstücke, die wir produziert haben, ausformuliert aus? Ein bisschen hängt das davon ab, ob du sie tatsächlich hintereinanderschaltest zu einem großen Ganzen – dann können sie fragmentarischer sein, weil das eine ja das andere ergänzt – oder ob du ein einzelnes Mosaikstück für sich wirken lassen möchtest. Beispielsweise kannst du mit einem kurzen Text eine über seinen Umfang hinausgehende Wirkung gerade dadurch erzielen, dass er nicht alles ausformuliert:

am rathenauplatz kommt mir ruth entgegen.
wir nicken uns zu. wir bleiben stehen,
wir sagen wir, wir sagen ein paar worte.
wir berührn uns kurz, wir schaun aneinander vorbei.
das licht brennt ein loch in den tag.

Rathenauplatz Nürnberg

Hier begegnen sich nach langer Zeit zwei Menschen wieder, die sich einmal geliebt haben. Zunächst will dem Sprecher die Begegnung ›staatstragend‹ erscheinen, denn man begegnet sich auf einem nach Walther Rathenau benannten Platz. Rathenau (1867–1922), Außenminister der Weimarer Republik, war bemüht um einen demokratischen Frieden nach dem Weltkrieg. Die beiden ehemals Geliebten im Gedicht erkennen sich sogleich, begrüßen sich vorsichtig mit einem Nicken, schaffen es aber nicht, mehr als ein paar vage Worte miteinander zu sprechen. Eine sentimentale, kurze Berührung reißt eher alte Wunden auf und die Gedanken vom anderen weg, als dass sie hilft, die beiden einander wieder näherzubringen. Es entsteht eine emotionale Leere, die, einem Buchtitel von Wilhelm Genazino folgend, »ein Loch in den Tag« brennt.

Ich habe hier einmal eine knappe Interpretation versucht, aber du hast schnell erkannt, dass sie länger ist als das Gedicht. In den fünf Versen steckt schon alles drin – weshalb sollte man dann also mehr Worte als notwendig verlieren! Selbstverständlich ist es eine Frage des bevorzugten Stils, ob man aus einer solchen Begegnung ein Gedicht oder eine Kurzgeschichte macht – oder ob man sie überhaupt für wert befindet, in einer autobiographischen Erinnerung vorzukommen. Etwas ausführlicher ist das folgende Gedicht, in dem man auch mehr von der lustvollen Eifersucht des Sprechers erfährt, als ihm vielleicht am Ende lieb ist …

gott, hatte ich diesen kerl lieb!
nach den ersten minuten wollte ich ihn
berühren, ich stellte mir vor, wie umständlich
dieser grosse mund zu küssen sei, die blanken,
weissen zähne zu spüren. nein, ich wollte ihn
ausziehen, sein geschlecht sehn, es betrachten,
mir vorstellen, wie ihr zwei wohl
in einer so geraden, kalten wohnung wie dieser,
wie ihr euch geliebt hattet, wie er sich
schlagen und befriedigen gelassen hatte
von dir,
wie er genösse, gepeinigt zu werden. ich
stellte mir vor, wie er schrie. wer liebte wen mehr.
wie er vor wut schrie und tobte – aber die zwei
minuten bis dahin konnte ich ihn und seine
lieblose einrichtung nicht ausstehn, er brachte
kein wort raus und sagte zuviel. ich wollte ihn
hinauszerren, ihm die klappe verbieten, den mund
mit den vollen lippen schlagen und befriedigt
sehen, dass er im park draussen, unter den bäumen
eine gute figur machte, mit zwanzig den bauch
eines sechzehnjährigen, mit dreiundzwanzig
ganz jugendlich dastand. nur diese wohnung
mit ratgebern im regal wollte ich kleinschlagen,
anzünden. allgemeinwissen: er war dein
liebhaber gewesen. mein gott, ich hatte ihn gern![27]

[27] Crauss in: Gücyeter, Dincer (Hg.): Mein durstiges Wort gegen die flüchtige Liebe. Lyrikanthologie. Nettesheim: Elif Verlag, 2016, S. 17.

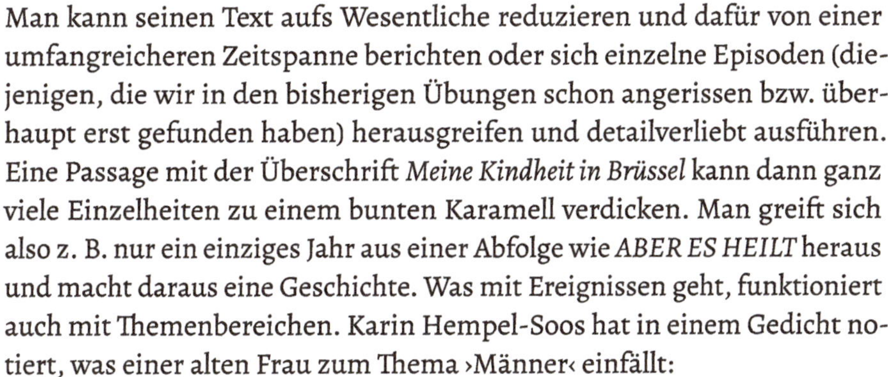

Man kann seinen Text aufs Wesentliche reduzieren und dafür von einer umfangreicheren Zeitspanne berichten oder sich einzelne Episoden (diejenigen, die wir in den bisherigen Übungen schon angerissen bzw. überhaupt erst gefunden haben) herausgreifen und detailverliebt ausführen. Eine Passage mit der Überschrift *Meine Kindheit in Brüssel* kann dann ganz viele Einzelheiten zu einem bunten Karamell verdicken. Man greift sich also z. B. nur ein einziges Jahr aus einer Abfolge wie *ABER ES HEILT* heraus und macht daraus eine Geschichte. Was mit Ereignissen geht, funktioniert auch mit Themenbereichen. Karin Hempel-Soos hat in einem Gedicht notiert, was einer alten Frau zum Thema ›Männer‹ einfällt:

volkstrauertag

Photo: Raimond Spekking. Quelle: Wikimedia Commons. Lizenz: CC-BY-SA

erster mann gefallen 1918
kurz vor dem ende.
zweiter mann gefallen 1940
nahe am anfang.
erster sohn
in afrikas wüste verschollen.
zweiter sohn
in stalingrad vermisst
aber heimgekehrt nach dreizehn jahren
zehn jahre nach den bomben auf dresden.

viel ist ihr nicht geblieben
das walte gott einmal im jahr
will sie die männer feiern wie sie fallen.[28]

[28] Hempel-Soos, Karin: volkstrauertag. In: Die Zeit vom 28.02.2002.

Die Variation der in den Gedichten vorgeführten Herangehensweisen soll dir Mut machen, es auch einmal zu versuchen! Wohlgemerkt, es muss kein Gedicht, es können auch eine kleine Geschichte, ein einfacher Bericht oder zunächst bloß Notizen entstehen.

Übung 27

Rubriken, Kategorien, Abschnitte, Abteilungen und Fächer

Überlege zunächst, unter welche Rubrik bestimmte der hier entstandenen Notizen fallen könnten. Mögliche Themen wären

1. Wo komme ich her?
2. Meine Kindheit.
3. Meine Familie und ich.
4. Wie ich wurde, was ich bin.
5. Mein Liebesleben.
6. Mein Vermächtnis.
7. Meine Geheimnisse.
8. ...

Beim ersten Punkt kannst du über deine familiäre als auch geographisch-politische Herkunft berichten; 3. eignet sich nicht nur für eine Rückschau (in welcher Familie bin ich groß geworden?), sondern auch für Überlegungen zum Status-quo (welches Verhältnis habe ich zu meinen eigenen Kindern?); ähnlich bei 5., wenn man sich Veränderung in einer Beziehung wünscht oder einfach auf ›wilde Zeiten‹ zurückblicken möchte. Menschen nutzen autobiographische Texte auch, um entweder ganz direkt oder leicht verschlüsselt, über Erlebnisse zu sprechen, die sie sehr belasten. 7. eignet sich, um Geständnisse zu machen – dem Leser oder sich selbst gegenüber. Was habe ich noch nie jemandem erzählt? Welche Schublade meines Nachttischfachs darf zu meinen Lebzeiten unter keinen Umständen geöffnet werden? Welche Dokumente muss ich vernichten, bevor ich sterbe, oder einen sehr guten Freund bitten, es für mich zu tun?

Wahrscheinlich findest du aber noch andere bzw. auf Grundlage deiner Notizen viel genauere und passendere Rubriken. **Bedenke dabei, dass du jedes der Themenangebote oben sowohl düster als auch hell auslegen kannst!** Ein Geheimnis, das in deinem Nachttischfach schlummert, wird von demjenigen, der es entdeckt, womöglich gar nicht als schlimm erachtet. Vielleicht, weil er dir moralisch nähersteht, als du denkst, vielleicht auch, weil er einfach einer anderen Generation mit anderen Werten angehört. Was du als gescheitertes Liebesleben betrachtest, wird ein anderer vielleicht als abenteuerlustig empfinden. Alexander Graeff fasst sein Brainstorming folgendermaßen zusammen:

> Ergebnis dieses Schreibens sind keine genialen Kreationen, keine Schöpfungen des einen Genies. Es sind schillernde und uneindeutige Belichtungen, Ausleuchtungen mit Fokus auf die bisher unsichtbar gebliebenen Ecken und Kanten der Welt. Queere Gegenwartslyrik stellt ebenso Verbindungen von Erinnerung her, ermöglicht neue Verschaltungen in einem Netz namens (Kon-)Text: Die Freundin, mit der ich zum ersten Mal über Scham sprechen konnte (weil sie mich vor der Deutschlehrerin als Schriftsteller outete); der erste »richtige« Clubbesuch (kein Dorffest, keine Provinzdisco, ein Abend ohne abschätzige Blicke und Bemerkungen); der versiegende Atem eines kleinen Tiers in meinen Händen (und die anschließende Beerdigung im Hof); der erste Analverkehr (während Billy Idols White Wedding lief); die erste Veröffentlichung einer Erzählung (sie trug den Titel *Essenz*, es ging um Männerseilschaften); das Vollständigkeitsgefühl nach der ersten Tätowierung (die Erfurter Tätowiererin sagte »Das ist erst der Anfang«); die Besteigung des Ätnas; das erste Mal Sex zu dritt, das erste Mal zu viert; der Fahrradunfall in Italien; allein nach Hong Kong fliegen; das erste Mal MDMA probieren; der Abschluss der Promotion; die erste Vollnarkose vor einer Operation. *The Story of my Life*.[29]

[29] Graeff: Queer, S. 30 f.

Welche deiner Notizen lassen sich also zu einem Kategorienkonglomerat zusammenbinden? Ordne, lege eine Reihenfolge fest. Meist ergeben sich schon erste Verknüpfungen. Im Idealfall findest du dann auch den richtigen Ton, um deine Erlebnisse wiederzugeben. Wie du bemerkst, empfehle ich dir hier nicht unbedingt eine chronologische Struktur, auch wenn manche der genannten Kategorien (Beruflicher Werdegang usw.) das nahelegen.

Die alte Mindmap und neue Wege

Übung 28

Die Rubriken aus Übung 27 sind bestens geeignet, deine Mindmap vom Anfang dieses Kurses zu ergänzen oder mit ihnen eine neue Gedankenkarte zu erstellen. Stell dir einfach vor, du trägst neue Lieblingsorte in einen Stadtplan ein, ähnlich wie in die Moleskine City Notebooks, mit denen man sich einen eigenen Reiseführer schreiben kann. In mein Berlin-Moleskine musste ich beispielsweise mehrere Straßen bzw. S-Bahn-Haltestellen malen, die Google Maps lange Zeit noch gar nicht kannte.

Die Akademie der Kulturellen Bildung des Bundes und des Landes NRW bietet in einem Kurs zu Biografischem Theater ganz ähnliche Methoden an und betont genauso wie dieses Werkbuch, dass Leben nicht ›aus einem Guss‹ besteht, sondern aus einem mosaikhaften

> Erinnern, Erfinden, Gestalten, Selektieren, Verdichten, Verfremden, Verwerfen, Montieren, Konstruieren … Biografische Theaterarbeit ist lebenswelt- und teilnehmer*innenorientiert […] Persönliche Alltagsgeschichten, Lebenserfahrungen, Visionen und Werte werden zu anspruchsvollen ästhetischen Irritations- und Genussmomenten für die Bühne. Privates wird persönlich, wird kollektiv. [Jedoch geht es nicht darum,] banales oder peinliches Nabelschau- oder Betroffenheitstheater zu erschaffen, [sondern] mit Ihren eigenen biografischen Mosaiksteinen und Geschichten […] unterschiedliche künstlerische Formate […] und Spielformen [auszuprobieren].[30]

30 https://v34h.de/biotheater

So wie wir uns selbst weiter oben als Figur betrachtet und uns bestimmte Erinnerungen besonders ästhetisch, d.h. auch durch Übertreibung vergegenwärtigt haben, arbeitet auch der Theaterworkshop. Mit pikanten Details ist es nicht getan, man muss beim Schreiben oder Spielen auch etwas daraus machen, sie mit anderen Mosaiksteinchen in Verbindung setzen.

Das Wichtigste ist stets: **Sei ehrlich mit dir selbst!** Denn Autobiographien gewinnen deutlich an Tiefe, wenn sie authentisch mit Umwegen und Fehlentscheidungen umgehen. Einen ehrlichen Text liest man lieber als einen, der sich Mühe gibt, die Vita zu einer Geraden zurechtzubiegen. Wie schwierig das ist, lässt sich mit einem einfachen Blumendraht ausprobieren: Einmal verbogen, kriegt man ihn nie wieder richtig gerade. Bereits der Versuch mutet lächerlich an ... Um wie viel interessanter wirkt der Draht jedoch, wenn er zu einer Schnecke, einer Spirale oder einem Mäander gebogen ist.

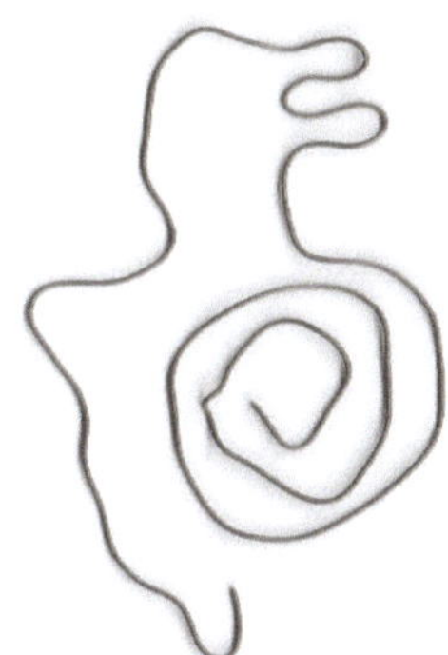

Übung 29

Ehrlich währt!

Schreibe über einen Moment in deinem Leben, in dem du mit einer schwierigen Wahrheit konfrontiert warst und wie du damit umgegangen bist. Das ist nicht leicht. Damit du dir nicht wie ein Beschuldigter vorkommst, der vor Gericht ein Geständnis ablegen soll, kannst du versuchen, nicht in der Ich-Form zu schreiben, sondern in der Du-Form. Das verschafft dir ein wenig Abstand. Versuche auch hier, keine Anklage zu formulieren, sondern nur zu beschreiben und dabei Fragen zu stellen:

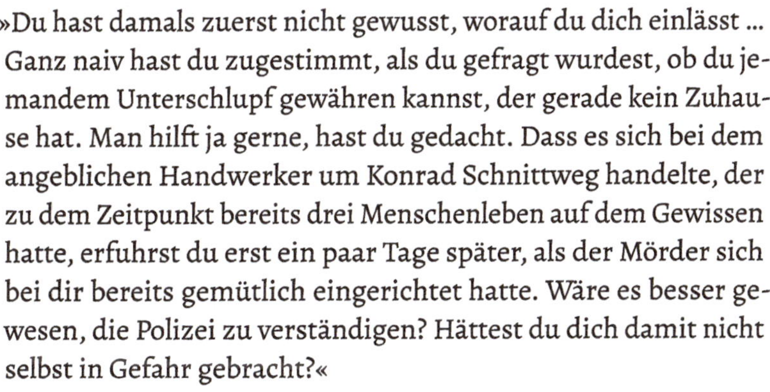

> »Du hast damals zuerst nicht gewusst, worauf du dich einlässt ... Ganz naiv hast du zugestimmt, als du gefragt wurdest, ob du jemandem Unterschlupf gewähren kannst, der gerade kein Zuhause hat. Man hilft ja gerne, hast du gedacht. Dass es sich bei dem angeblichen Handwerker um Konrad Schnittweg handelte, der zu dem Zeitpunkt bereits drei Menschenleben auf dem Gewissen hatte, erfuhrst du erst ein paar Tage später, als der Mörder sich bei dir bereits gemütlich eingerichtet hatte. Wäre es besser gewesen, die Polizei zu verständigen? Hättest du dich damit nicht selbst in Gefahr gebracht?«

Wie umfangreich deine Ausführungen werden, bleibt dir überlassen und hängt auch von den Fragen ab, die du deinem damaligen Ich stellst. Lass dir Zeit, nimm, wenn es dir schwerfällt, ruhig mehrere Anläufe. Ehrlich mit sich selbst umzugehen ist oft schwieriger, als anderen ehrlich zu begegnen!

Mit der Forderung nach Ehrlichkeit beim Schreiben ist bereits ein weiterer bedeutender Punkt erwähnt. Zwar habe ich bei den meisten Übungen achtgegeben, sie neutral zu stellen oder so, dass etwas Sachliches dabei herauskommt, aber selbstverständlich sollst du deine Gefühle nicht verstecken. Biographisches Schreiben (z. B. über das Leben deiner Mutter) und autobiographisches Schreiben rufen fast von selbst Gefühle hervor. Diese sollst du nicht unterdrücken, sondern kanalisieren. Emotionen können für den Leser hilfreich sein, eine Verbindung zu dir und deinen Erinnerungen zu bekommen, solange der Text über dem Fühlen das Erzählen nicht vergisst. Das heißt: Bleib nicht zu lang an einer Episode kleben, wenn du dir eine längere Zeitspanne vorgenommen hast. Selbst wenn es dir nur um das Beschreiben eines einzigen wichtigen Ereignisses geht, solltest du versuchen, es aus mehreren Perspektiven zu beleuchten: Dein erstes Date auf der Kirmes mag für dich persönlich eine emotionale Achterbahnfahrt gewesen sein – für die Schausteller war es ein ganz normaler Arbeitstag, für einen anderen Besucher der Super-GAU, weil ihm beim Looping das Handy aus der Tasche gefallen ist, usw.

Du solltest also deinen individuellen Stil finden. Was passt besser zu dir: eine eher schlichte Abhandlung oder eine persönliche Abrechnung? Um herauszufinden, welchen Ton du draufhast, kannst du dir beim Schreiben vorstellen, du würdest die Episode einer Freundin oder einem Freund im Café oder in der Kneipe erzählen. So kommst du am besten von allzu konstruierten Formulierungen weg, deine Geschichte klingt natürlicher und echter. Als kleine Übung hierfür schreib doch mal einen Brief!

Übung 30

Briefissimo!

Such dir aus den vorangegangenen Übungen und Listen ein Ereignis aus und beschreibe es in einem ausführlichen Brief an einen Freund oder eine Freundin. Wenn du nicht weißt, wem du am liebsten schreiben möchtest, scrolle einfach durch deine Kontaktlisten auf dem Handy. Such dir am besten jemanden aus, dem du sonst nur Kurznachrichten schickst. Es sollte sich auch nicht unbedingt um deinen Best Buddy oder deine beste Freundin forever handeln, weil bei ihnen die Gefahr besteht, dass du in zu sehr eingeübten Floskeln steckenbleibst. Nimm dir jemanden vor, den du magst, dem du aber seltener schreibst. Sollte es dir leichter fallen, einen ausführlichen Brief nicht auf Papier oder auf dem PC zu schreiben, sondern direkt im Messenger, ist das auch nicht schlimm. Du musst die Nachricht ja nur absenden, wenn du wirklich mutig bist. Ansonsten bleibt es eben bei der Übung. Unter Umständen kann die Form kürzerer Messenger-Nachrichten dir sogar helfen, deine Gedanken und damit deinen Text zu strukturieren, Unangenehmes in kleinere Häppchen aufzuteilen – und für den Leser so auch die Spannung zu erhöhen.

Alternativ kannst du einen Brief an dein jüngeres Selbst verfassen. Welche Empfindungen würdest du gerne mit deinem 13-jährigen Ich teilen? Welchen Ratschlag hättest du für die 17-jährige Laute, die du mal warst? Würdest du deinem 30-jährigen Ego immer noch zustimmen?

Das Briefeschreiben kann ein erster Ansatz sein, wenn du eine längere Lebensgeschichte aufschreiben möchtest, aber nicht so recht weißt, wie du sie schildern sollst. Der Brief ist dabei zunächst eine Art Live-Brainstorming, du lässt jemanden (den echten oder ausgedachten Empfänger) an deinen Überlegungen teilhaben und wirst dir dabei selbst klarer über die zu schildernden Passagen und ihre Reihenfolge. Aber auch hier gilt, dass du weiterkommst, wenn du nicht zu viel auf einmal erreichen willst! Nimm dir lieber einzelne Ereignisse vor und schreibe eine Story über sie, statt gleich ein Bündel von Erlebnissen, von denen dir eins nach dem anderen aus der Hand rutscht.

Um die einzelnen Stories zu ordnen, aber auch, um dir vorher klar zu werden, welches wichtige und welches weniger wichtige Lebensphasen waren (und in Zukunft sein sollen), kannst du dir eine Zeitleiste zeichnen:

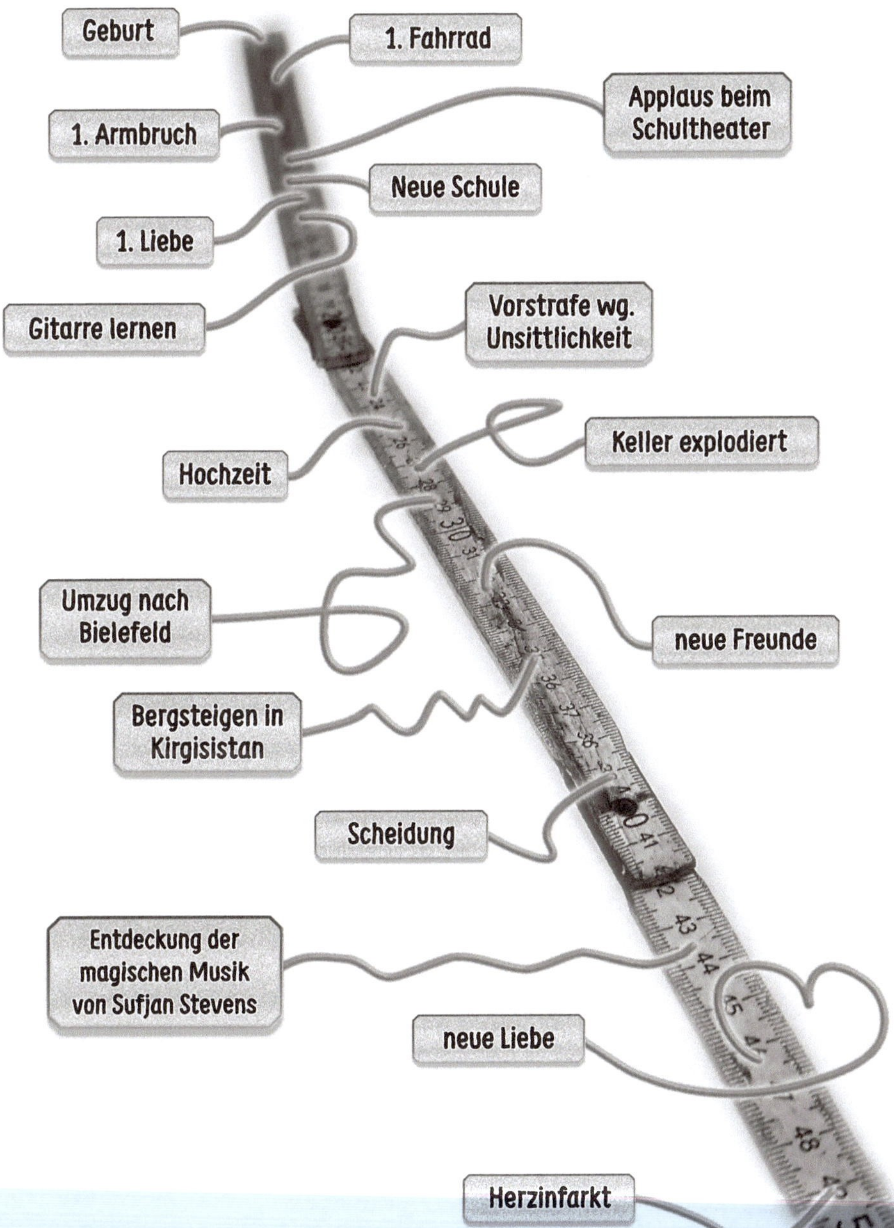

Für alle Übungen gilt: **zuerst schreiben, dann korrigieren**. Denn wenn du dich zu lange mit Verbesserungen aufhältst, kommst du mit dem Erzählen nicht weiter. Grundsätzlich solltest du einfach alles aufschreiben, was dir einfällt, und erst im zweiten und dritten Durchgang deine Autobiographie überarbeiten, um sie zu verfeinern und eventuelle Fehler zu korrigieren.

Es kann durchaus hilfreich sein, Unterstützung bei Freunden und Familienmitgliedern zu suchen, die dir Feedback geben können. Einerseits musst du Rückmeldungen zu deinem Schreibstil wahrscheinlich explizit einfordern, andererseits kannst du aus dem, was deine Leser sagen, schließen, worüber sie mehr erfahren möchten. Du hast berichtet, wie du einmal mit einer Laienspielgruppe ein Theaterstück aufgeführt hast, und deine Leser haben die Passage gelobt? Dann bau sie doch weiter aus. Du bist dir unsicher, ob es gut ankommt, wie du über deinen Beruf berichtest? Frag deine Leser, was sie über den Job wissen wollen oder was sie früher in Gesprächen darüber nie so ganz verstanden haben.

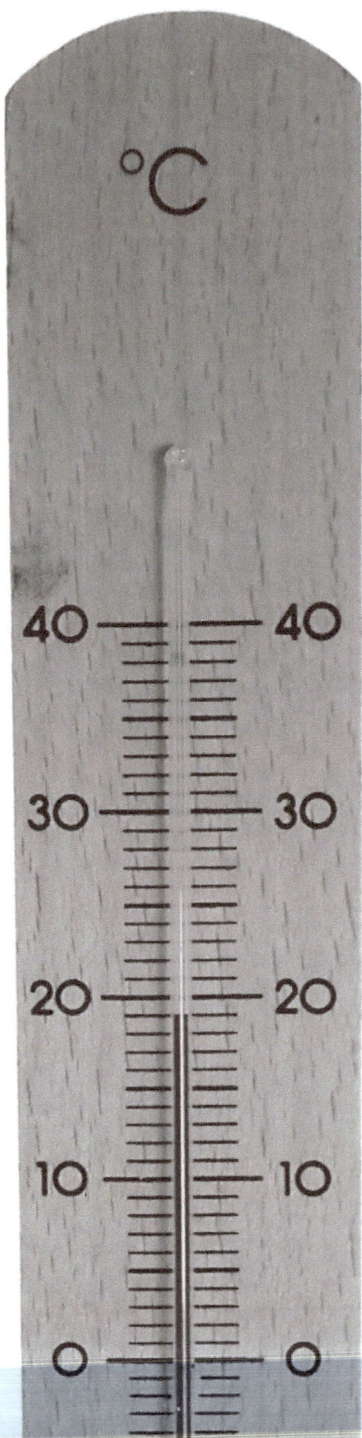

6 Zusammenfassung

Noch einmal nehme ich die Schreibmappe zur Hand und notiere: »Es ist alles Fiktion! Es gibt keine Ruderer in Schöppingen!« Was ich zu Anfang aufgeschrieben habe, ist jedoch nicht vollends ausgedacht. Es gibt den speziellen Ort, es gibt den Wirt, der in aller Ruhe Bier ausschenkt oder Zeitung liest, wenn einmal nicht so viel los ist. Und es gibt einige Gedichte von Bertolt Brecht, die ich vielleicht gerade gelesen habe, als ich im Münsterland unterwegs war. In den Gedichten kommen Ruderer vor, die Schreibmappe, ein Kahn.

Als ich in der Kneipe saß, hatte ich ein Date mit dem Ich. Ich wollte mich selbst besser kennenlernen, und dafür war die Lektüre wichtig, aber auch die Begegnung mit Menschen, mit denen ich sonst nie in Kontakt gekommen wäre. Ein einfacher Trick, um ins Fabulieren zu geraten, ins Nachdenken: Wie reagieren andere auf mich, wie wirke ich, wie bin ich in einer bestimmten Situation?

Ganz beiläufig hast du bereits im ersten Kapitel dieses Werkbuchs erfahren, dass das Wichtigste am Schreiben die Lust am Entdecken und Ausprobieren ist. Das gilt beim Nachspüren schöner Erlebnisse genauso wie beim Verarbeiten negativer Erfahrungen. Hier wird die Freude am (Selbst-)Entdecken und Aufschreiben zu einem therapeutischen Faktor.

Um das in Angriff zu nehmen, braucht es Zeit und Distanz. Erinnerungen lassen sich genauso wenig erzwingen wie gute Formulierungen. Sie formen sich manchmal in Momenten, in denen wir es nicht erwarten. Etwas Abstand zu sich selbst, ein bisschen Selbstironie oder kritische Reflexion hilft, aus den Gedanken ein Bild zu machen, das Portrait einer interessanten Person mit der Bezeichnung ›Ich‹ zu entwickeln. Dabei verändert sich die Erinnerung. Das schlimme Erlebnis wird weniger schlimm, aus einer Erinnerung wird eine Geschichte. Und auch ›ich‹ verändere mich. Ich kann über etwas reden, das ich vielleicht nicht in einer Kneipe beim Bier erzählen, das ich aber meinen Nachkommen weitergeben oder für eigene Zukunftspläne als Leitlinie nutzen möchte.

Schon seit jeher wurden kreative Schreibmethoden dazu genutzt, Biographien nicht nur aufzuschreiben, sondern sie auch zu einem gestalterischen Instrument der Wirklichkeit werden zu lassen. In spätantiken Heiligenviten ging es zunächst darum, das Leben einer Person möglichst authentisch nachzuzeichnen, andererseits durch die Lebendigkeit der Geschichten die Verstorbenen den Kulten der Lebenden weiterhin als aktiv Beteiligte zu erhalten. Lücken im Lebenslauf wurden kreativ geschlossen, ganze Familien- und Herrscherstammbäume so zurechtgebogen, dass der Urahn einer Abstammungslinie auf jeden Fall ein anerkannter Heiliger war. Nach den politischen und religiösen Beweggründen kamen in der Renaissance persönliche Werte hinzu. Das *eigene* Leben wurde – zumindest in einer Rückschau – wichtig. Es musste in die gesellschaftliche Passform eingefügt werden

Photo: Joe Dudeck. Quelle: Unsplash

und im Zuge der Aufklärung immer häufiger herhalten für eine voyeuristische Selbstentblößung. Die Erinnerung und damit die autobiographische Selbstschau zerfällt in immer kleinere Mosaiksteine, das Individuum zerfällt bei der Selbsterfindung in unzusammenhängende Sequenzen. Man sammelt die Bruchstücke, macht andererseits dadurch eine Lebenserzählung für andere nachvollziehbarer und handlicher in Bezug auf zukünftige Ziele.

Denn der Autobiograph muss sich auch heute die Frage stellen, für wen er sein Leben aufschreibt. Neben dem ›*Wie war mein Leben?*‹ wird das ›*Wie soll es weitergehen?*‹ wichtig. Die Übungen dieses Werkbuchs haben Hilfestellung beim Zusammenfassen der einzelnen Lebensabschnitte gegeben, darüber hinaus aber offene Fragen an die Zukunft gestellt: *Was wäre, wenn? Wo will ich hin?*

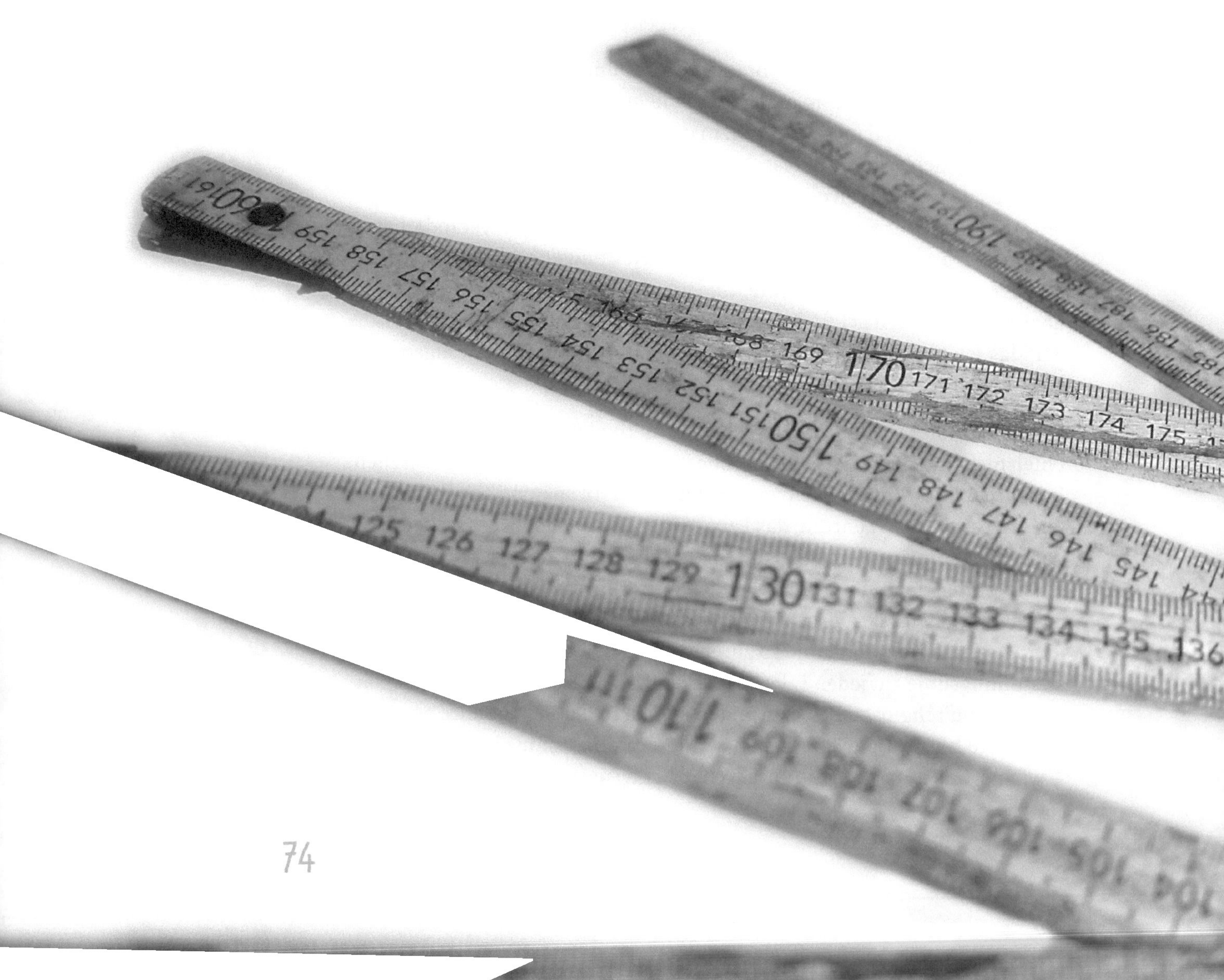

Der Lebensweg lässt sich in Gedanken abwandern oder bei einem Spaziergang körperlich nachvollziehen. Darüber hinaus schleppen wir nicht nur Werte und Einstellungen im Geiste mit uns herum, sondern es sammeln sich auch ganz konkrete Dinge an, Gegenstände, die uns begleiten. Auch sie sagen etwas über uns und unser Wesen aus.

Sobald ich jedoch beginne, eine Geschichte der Dinge meines Lebens zu erzählen, greift die Fantasie in die Erinnerung ein. Ich kann nicht *nicht* erfinden. Aber ich kann mich immer wieder selbst befragen, in mir selbst eine fremde Person sehen, mit der ich ein Interview führe – oder in eine Rolle schlüpfen. Die Außenposition einzunehmen, kann eine ebenso reinigende Wirkung haben wie ein Hausputz: Aufräumen im Leben lässt Gegenstände, Menschen, Beziehungen von Zeit zu Zeit in einem neuen Licht erscheinen. Die Fragen, die man dem Ich stellt, sollten einerseits konkret sein, andererseits spontan und zufällig. Solche Impulsgeber kann man gemeinsam mit Freunden entwickeln oder durch Hilfsmittel wie Story Cubes und Talk-Boxes generieren. So lassen sich Muster und Verhaltensweisen herausdestillieren, die sich durchs Leben ziehen – und evtl. in Zukunft verändert werden sollen.

Die Rollen, die wir im Leben einnehmen, könnten unterschiedlicher nicht sein: Rebell, Mutter, bester Freund, Vorsitzende, Großvater, Spaßvogel, Streitschlichter ... Dabei handelt es sich um Rollen, die uns quasi auf natürliche Weise zukommen, Funktionen, die wir erfüllen, oder solche, die wir uns aussuchen. Zumindest in Gedanken können wir unseren Film des Lebens selbst besetzen, jede Szene genau bestimmen. Aber auch im Nachhinein können wir versuchen zu ergründen, wer die Person einmal war, die wir auf den Photos sehen und die uns heute so fremd vorkommt. Kein Lebensweg verläuft absolut gerade und nach Plan. Deshalb ist es eine gute Übung, auch abseits der großen Zusammenfassung, hin und wieder zu überlegen, wer man denn in einem anderen Leben wäre. Das hilft, neue Ziele zu erkennen und kreativ darauf hinzuarbeiten.

Viele der hier vorgestellten Übungen kann man gemeinsam mit vertrauten Menschen machen. Auch lässt sich *Biographisches Schreiben* hervorragend durch *Vogue! Pose! Selbstbewusstes Schreiben* oder andere spielerische Methoden ergänzen!

7 Zum Schluss

Ich hoffe, dieses Werkbuch und die einzelnen Schreibübungen haben dir nicht nur Spaß gemacht, sondern dich hier und da auch zum Weiterschreiben animiert. Vieles von dem, was ich in Aufgaben und Text angeregt habe, kannst du ganz sicher auch in anderen Zusammenhängen anwenden: Beim Kreativen Schreiben generell, im Gespräch mit Freunden, Verwandten, Kindern siehst du aber auch unabhängig vom Schreiben die Welt nun mit anderen Augen. »Die ganze Welt muss poetisiert sein« – so die Auffassung des Romantikers Novalis. Also poetisieren wir uns zum Schluss nochmal und singen gemeinsam:

i never knew you, you never knew me, say hello, wave goodbye[31]

[31] https://v34h.de/softcell

Bis bald im nächsten Werkbuch oder beim Workshop in Präsenz!

8 Crauss.

Über den Autor dieses Werkbuchs hast du hier ja schon einiges erfahren. Das Gedicht *ABER ES HEILT* gibt Auskunft über verschiedene Lebensphasen von Crauss. Um es mit dem Filmemacher Edgar Reitz zu sagen: »Alles, was erzählt wird, hat sich wirklich ereignet – nichts hat sich so ereignet, wie es erzählt wird.«[32] Mit anderen Worten, Crauss beschreibt sein Leben in seinen Texten so, wie er es sieht und wahrnimmt. Das ist nicht objektiv, aber es ist sein Recht, genauso wie es dein Recht ist, dein Leben so aufzuschreiben, wie du es für gut hältst.

32 Reitz, Edgar: HEIMAT. Eine Chronik in Bildern. München, Luzern: C. J. Bucher, 1985, Umschlag.

8.1 Der Autor

Je nach Ort und Gelegenheit können verschiedene Selbstbeschreibungen Sinn ergeben. Beispielsweise liest sich eine Kurzvita, die Crauss für Literaturmagazine und andere Populärmedien verfasst hat, folgendermaßen:

> Crauss (*1971) ist ganz aus dem Takt geraten, seit er vom städtischen Museum als Gogo-Tänzer engagiert wurde. Tingelt seitdem durch Textspelunken und legt sich, wenn er genug getrunken oder eine Lakritzvergiftung hat, mit Motorradhelden an. Bücher, Burschen, Bilder und Brandaktuelles auf *www.crauss.de*.

Nochmal das Zitat von Edgar Reitz: Alles an dieser Vita ist wahr, aber, sagen wir mal, auf eine verschobene, verschrobene Weise. Tatsächlich hat der Autor eine Weile als Museumstänzer gearbeitet. Was aber sollen Textspelunken sein? Kneipen, in denen Literatur gelesen und vorgelesen wird, anstatt Bierpong oder Darts zu spielen? Kneipen vielleicht, die *in* Texten vorkommen, oder virtuelle Orte, die wie Pubs funktionieren? Instagram ist so ein Ort. Und *Die ewige Enke* ist eine Kneipe, die immer wieder in Crauss' Gedichten und Geschichten eine Rolle spielt. Daher heißt Crauss' Instagram-Account auch *@die_ewige_enke*. Und so kann man weiter mit der eigenen Vita spielen. *LAKRITZVERGIFTUNG* und *MOTORRADHELD* beispielsweise sind die Titel zweier Crauss-Bücher.

Mitte der 1990er Jahre wurde der Autor durch neue, produktive Verfahren einer Videoclip-Ästhetik in der Lyrik einem breiteren Publikum bekannt. Darunter ist der Versuch zu verstehen, was in Musikvideos zu sehen ist – Überblendung von Bildern, rhythmisierte Bildschnitte, Videoartefakte wie Verzerrung, Zeitlupe usw. – so auf Gedichte zu übertragen, dass einerseits die Effekte der Videotechnik im Sprach- und Schriftbild erkennbar werden, andererseits zu alldem nur Sprache zur Verfügung steht und der Verzicht auf Begleitmedien, -technika und -musiker möglich ist. Eine Konsequenz dieser Bemühung war die Etablierung von Remixes in der Lyrik, ähnlich wie man sie auf Schallplatten mit Maxi-Versionen findet. Dabei war es unerheblich, ob Crauss sich als ›Poetry Jockey (PJ)‹ mit eigenen Texten beschäftigte oder mit den jetzt als ›Material‹ begriffenen Gedichten anderer Autoren.

Crauss' Gedichte wurden in mehr als zehn Sprachen übersetzt, mit wichtigen Stipendien gefördert und mit Literaturpreisen ausgezeichnet. Daneben entstehen populärwissenschaftliche Essays, Buchkritiken, und immer wieder arbeitet der Dichter an der Schnittstelle zu anderen Künsten, beispielsweise mit einer Sprech-Oper, Bildtexten und Hörfilmen. Die Website *www.crauss.de* gibt einen Überblick über bisherige Einzel-, Buch- und CD-Veröffentlichungen.

Photo: marvellous. Schmidt, Eva (Hg.): Tanzen, Sehen. Katalog zur Ausstellung 18.02.–28.05.2007. Siegen: Museum für Gegenwartskunst, 2007.

8.2 Der Workshopleiter

Als Kulturpädagoge arbeitet Crauss sowohl in der Erwachsenen- als auch in der Jugendbildung. Zwischen 2004 und 2018 war er mit Lehraufträgen in der Sprachpraxis Germanistik an der Universität Siegen betraut. Die Wahlpflichtkurse *Kreatives Schreiben, Texte Sprechen* (Praktische Rhetorik) oder *Professionelles Schreiben* besuchten Studierende, die heute selbst Pädagogen, Journalisten oder Schriftsteller sind.

Schreibworkshops richtet Crauss sowohl für individuell Interessierte als auch für Gruppen und Institutionen aus. *Kreatives Schreiben für Unternehmen* etwa macht Schwierigkeiten in einer Gruppe oder in einem Unternehmen formulierbar und damit auch vergleichbar. Mit Methoden assoziativen Konstruierens entwickelt der Workshopleiter mit den Teilnehmern eine Ausdrucksfähigkeit und damit eine Verbesserung der Visualisierung von Themen und Problemen.

Der Ansatz zur strategischen Lösungsfindung und jener zur produktiven Rückschau spielen auch im Werkbuch *Vogue! Pose!* zum Selbstbewussten Schreiben eine gewisse Rolle. Es kann helfen, sich der eigenen Qualitäten zu versichern, sich neu ›in Pose‹ zu werfen und die Scheu abzulegen, sich auf die eigene Schulter zu klopfen. Unsicherheiten in Bezug auf den eigenen Lebensstil und die Lebensziele werden dann in Selbstbewusstsein umgemünzt.

In der Erwachsenenbildung leitet Crauss seit 2017 den Unterricht eines sozialen Trägers für Jobcenter-Eingliederungsmaßnahmen, gibt darüber hinaus aber auch frei buchbare Starthilfe mit PC-Trainings, Bewerbungscoachings sowie Unterrichtseinheiten zu Kernkompetenzen und zur Gesundheitsförderung (Lebenspraktische Fertigkeiten, Schlaf- und Ernährungsverhalten, Sucht- und Schuldenvermeidung, Orientierungsunterricht).

8.3 Der Performer

Als Performer bedient Crauss nicht nur Lesungen mit eigenen Texten in privaten Wohnzimmern wie in Kulturhäusern, sondern leitet ebenso elegant wie informativ durch Themenvorträge auf der Spielbreite zwischen Populärwissenschaft und Belletristik. Titel und Themen sind beispielsweise:

- Die Entwicklung des Telefon- und Postwesens
- Geheimagenten
- Menschen im Hotel
- Jäger, Wald und Wiese
- Jahreszeiten allgemein
- Weihnachten
- Masken in verschiedenen Kulturen
- Der Name der Rose (Filmvortrag)
- Heimat/Die Zweite Heimat (Filmvortrag)
- Musik und die Entwicklung der Synthesizer
- Das Geheimnis der Nacht
- Original, Kopie und Fälschung
- Pest und Cholera
- Tiere und Tierisches (humorig)
- Vampire und Wiedergänger
- Verbrechen und Fahndung
- Der Weltuntergang

Daneben können etwa im Rahmen wiederkehrender Seniorennachmittage, Gesellschaften usw. auch Wunschthemen vereinbart werden.

8.4 Der Dienstleister

Crauss hat für mehrere Medienagenturen (u. a. für die lettische MOOZ) gearbeitet und bringt aus diesem Bereich Erfahrungen im Verfassen von Imagetexten und Copy Writing mit. Effizientes Korrektorat sowie Lektorat von Bachelor-, Diplom- und Masterarbeiten aller Fachrichtungen als auch literarischer Aufsätze und Manuskripte sind buchbar. Einige Texte zu Photoserien und -ausstellungen des Schweizers Stephan Bösch (*www.sichtweise.ch*) stammen von Crauss. Seine Fähigkeiten sind überall dort einsetzbar und hoch angesehen, wo Gebrauchstexte einen poetischen Mehrwert erhalten sollen.

9 Bücherliste

9.1 Erwähnte Bücher

Brecht, Bertolt: Buckower Elegien. Mit Kommentaren von Jan Knopf. Frankfurt a.M.: Suhrkamp, 1986.

Brecht, Bertolt: Fragen eines lesenden Arbeiters. In: Werke, Bd. 12: Gedichte 2. Sammlungen 1938–1956. Große kommentierte Berliner und Frankfurter Ausgabe. Hg. v. Werner Hecht, Jan Knopf u. a. Frankfurt a.M.: Suhrkamp, 1988, S. 29.

Crauss: RUTH. Berlin: Verlag Dreiviertelhaus, 2024.

Crauss: MOTORRADHELD. Prosa. Klagenfurt, Wien: Ritter Verlag, 2009.

Crauss: SCHUNDFAKTOR. Hybride & Destillate. Berlin: Verlag Dreiviertelhaus, 2018.

Frisch, Max: Mein Name sei Gantenbein. Roman. Frankfurt a.M.: Suhrkamp, 1964.

Graeff, Alexander: Queer. Edition Poeticon #17. Berlin: Verlagshaus Berlin, 2022.

Heinse, Wilhelm: Ardinghello und die glückseligen Inseln. Hg. v. Max L. Baeumer. Stuttgart: Reclam 1975.

Heinse, Wilhelm: Tagebuch einer Reise nach Italien. Mit einem biographischen Essay. Hg. v. Christoph Schwandt. Frankfurt a.M.: Insel Verlag, 2002.

Herbeck, Ernst: Alexander. Ausgewählte Texte 1961–1981. Salzburg, Wien: Residenz Verlag, 1982.

Krämer, Thorsten: Lob der Teilzeitkunst. In: Iuditha Balint, Julia Dathe, Kathrin Schadt u. Christoph Wenzel (Hg.): Brotjobs & Literatur. Berlin: Verbrecher Verlag, 2021, S. 105–114.

Latham, Robert (ed.): The diary of Samuel Pepys. A new and complete transcription. Vol. 5–8. 1664–1667. London: Bell, 1974.

Mann, Thomas: Tagebücher in zehn Bänden. Hg. v. Inge Jens u. Peter de Mendelssohn. Frankfurt a.M.: S. Fischer, 1977 ff.

Mayröcker, Friederike: da ich morgens und moosgrün. Ans Fenster trete. Berlin: Suhrkamp, 2020.

Misch, Georg: Geschichte der Autobiographie. Leipzig, Berlin: B.G. Teubner, 1907. Online: *https://v34h.de/misch*.

Navratil, Leo: Schizophrenie und Sprache. Zur Psychologie der Dichtung. München: dtv, 1966.

Pepys, Samuel: Tagebuch aus dem London des 17. Jahrhunderts. Ausgewählt, übersetzt und hg. v. Helmut Winter. Stuttgart: Reclam, 1980.

Popp, Wolfgang: Mein Leben. Germanist, Pazifist, schwul. Siegen: universi verlag, 2023.

Reitz, Edgar: HEIMAT. Eine Chronik in Bildern. München, Luzern: C.J. Bucher, 1985.

Schmidt, Eva (Hg.): Tanzen, Sehen. Katalog zur Ausstellung 18.02.-28.05.2007. Siegen: Museum für Gegenwartskunst, 2007.

Severin, Tillmann: Museum der aussterbenden Mittelschicht. Berlin: Verlagshaus Berlin, 2022.

9.2 Weitere Bücher zur Thematik

Boswell, James: Journal. Ausgewählt, übersetzt und herausgegeben von Helmut Winter. Stuttgart: Reclam, 1996.

Busi, Aldo: Seminar über die Jugend. [Autobiographischer] Roman. Aus dem Italienischen von Tobias Eisermann. Bergisch Gladbach: Gustav Lübbe Verlag, 1990.

Gammerl, Benno: Anders fühlen. Schwules und lesbisches Leben in der Bundesrepublik. Eine Emotionsgeschichte. Sonderausgabe für die Bundeszentrale für politische Bildung. bpb Schriftenreihe, Bd. 10761. Bonn: Bundeszentrale für politische Bildung, 2021.

Goldschmidt, Georges-Arthur: Der versperrte Weg. Roman des Bruders. Göttingen: Wallstein Verlag, 2021.

Goldschmidt, Georges-Arthur: Ein Garten in Deutschland. Eine Erzählung. Aus dem Französischen übersetzt von Eugen Helmlé. Zürich: Ammann Verlag, 1988.

Haddad, Saleem: Guapa. Roman. Aus dem Englischen von Andreas Diesel. Berlin: Albino Verlag, 2016.

Herbeck, Ernst: Die Vergangenheit ist klar vorbei. Hg. v. Carl Aigner und Leo Navratil. Krems: Verlag Christian Brandstetter, o.J.

Hocke, Gustav René: Europäische Tagebücher aus vier Jahrhunderten. Motive und Anthologie. Frankfurt a.M.: Fischer Taschenbuch Verlag, 1991.

Kühn, Dieter: Ich Wolkenstein. Eine Biographie. Frankfurt a.M.: Insel Verlag, 1977.

Parin, Paul: Die Jagd-License for Sex and Crime. [Autobiographische] Erzählungen und Essays. Unzensuriert. Hg. und mit einem Nachwort versehen von Michael Reichmayr. Wien, Berlin: Mandelbaum Verlag, 2018.

Rousseau, Jean-Jacques: Die Bekenntnisse. Übersetzt von Alfred Semerau, durchgesehen von Dietrich Leube. Mit einem Nachwort und Anmerkungen von Christoph Kunze. München: dtv, 2012.

Seume, Johann Gottfried: Mein Leben. Nebst der Fortsetzung von G.J. Göschen und C.A.H. Clodius. Hg. v. Jörg Drews. Stuttgart: Reclam, 1991.

Wenn du möchtest, kannst du Crauss deine Anregungen, Wünsche oder auch einfach die Ergebnisse der Schreibübungen zukommen lassen. Nicht in jedem Fall ist eine ausführliche Antwort möglich, der Autor ist aber dankbar für Rückmeldungen!

E-Mail: *workshop@crauss.de*

Impressum

Verlag Dreiviertelhaus GbR
Ahornstraße 30 · 12163 Berlin
www.dreiviertelhaus.de

Lektorat: Marcel Diel
Korrektorat: Benedikt Viertelhaus
Gestaltung und Satz: Henning Hraban Ramm
Photos: H. Ramm, Crauss (sofern nicht anders angegeben)
Umschlag-Hintergrund: Thommy Weiss / pixelio.de
Druck: Druckhaus Nord, Gravenstein (DK)

Die Deutsche Bibliothek – CIP Einheitsaufnahme
Ein Titeldatensatz für diese Publikation ist bei der Deutschen Bibliothek erhältlich.

ISBN 978-3-96242-503-6